Otto Depenheuer (Hrsg.)

Erzählungen vom Staat

Otto Depenheuer (Hrsg.)

Erzählungen vom Staat

Ideen als Grundlage
von Staatlichkeit

VS VERLAG

Bibliografische Information der Deutschen Nationalbibliothek
Die Deutsche Nationalbibliothek verzeichnet diese Publikation in der
Deutschen Nationalbibliografie; detaillierte bibliografische Daten sind im Internet über
<http://dnb.d-nb.de> abrufbar.

1. Auflage 2011

Alle Rechte vorbehalten
© VS Verlag für Sozialwissenschaften | Springer Fachmedien Wiesbaden GmbH 2011

Lektorat: Dorothee Koch

VS Verlag für Sozialwissenschaften ist eine Marke von Springer Fachmedien.
Springer Fachmedien ist Teil der Fachverlagsgruppe Springer Science+Business Media.
www.vs-verlag.de

Umschlaggestaltung: KünkelLopka Medienentwicklung, Heidelberg
Gedruckt auf säurefreiem und chlorfrei gebleichtem Papier
Printed in Germany

ISBN 978-3-531-18073-1

Inhalt

Auf der Suche nach dem erzählten Staat
Überlegungen zur narrativen Fundierung moderner Staaten

Otto Depenheuer

I. Das Ende als der Anfang der großen Erzählungen

Auch Zufälle haben ihre Notwendigkeit: als 1979 in Frankreich *Jean-François Lyotard* seine wirkmächtige Schrift „Das postmoderne Wissen" vorlegt, erscheint in Deutschland *Michael Ende's* „Unendliche Geschichte".[1] *Lyotard* verkündet in der Form eines philosophischen Traktats das angebliche Ende der großen Erzählungen: diese müßten aufgegeben werden, weil die Moderne auf keine andere Legitimation mehr zurückgreifen könne als auf das rationale Wissen. *Ende* hält sich nicht an die Diagnose des Philosophen und beginnt, eine

---

[1] Auf diese Zufälligkeit aufmerksam gemacht hat: *Julia Voss*, Im Inneren des Michael-Ende-Effekts, in: FAZ v. 12. Dez. 2009, S. Z 1.

neue und dazu noch „unendliche" Geschichte zu erzählen. Der Form nach ein Kinderbuch, bezeugt diese die Macht der Vorstellungskraft, ihre Fähigkeit, die Welt mit Sinn zu erfüllen, sie – zum Bösen wie zum Guten – zu gestalten.

Die zeitliche Koinzidenz ist nicht zufällig. Sie verweist auf eine ideengeschichtliche Logik: wenn man – aufklärungsbedingt – immer mehr und schließlich alles weiß, bedarf es keiner Erzählungen mehr, die das Nicht-Wissen kompensieren und die Funktionsweise der Welt fiktiv erklären. Tatsächlich transformiert Aufklärung Glauben in Wissen, Zufälligkeiten in Gesetzlichkeiten und Vermutungen in Gewißheit. *Lyotard* steht insoweit am Ende des Prozesses der Entmythologisierung durch Aufklärung im Geiste des Rationalismus. Mit Beginn der Neuzeit sucht der Mensch wissenschaftlich zu erkennen, „was die Welt in ihrem Innersten zusammenhält". Die geistesgeschichtliche Entwicklung vom Mythos zum Logos[2] setzte Neugier und Erkenntniswillen, Pioniergeist und Gestaltungswillen frei. Entdeckungen und Erfindungen, wissenschaftliche Forschungen und rationale Gestaltungen traten an die Stelle des Sich-Abfindens mit den Gegebenheiten der Welt und der ihnen Sinn gebenden Erzählungen. Seiner Eigenlogik nach kann der moderne Geist rationaler Welterforschung und -gestaltung nicht stillstehen; er muß weitergehen, bis das letzte Rätsel gelöst, das tiefste Geheimnis rational erklärt, der letzte Widerspruch aufgelöst, die ultimative Weltformel[3] gefunden ist und dadurch auch die letzte der großen Erzählungen ihre Überzeugungskraft verloren hat.

Doch „das Ende der großen Erzählungen" ist nur die eine Seite der Aufklärung. Zugleich unterminiert die positivistische Hinwendung zu den Tatsachen und die sie objektiv erklärenden wissenschaftlichen Wahrheiten die Sinnhaftigkeit des Lebens. Im Grenzfall totaler rationalistischer Entzauberung der Welt wissen die Menschen zwar alles, sind aber mit den fundamentalsten aller Fragen auf sich allein zurückgeworfen: dem totalen Wissen folgt die totale Sinnleere.[4] Mit der Entsorgung der großen Erzählungen geht die Sinnhaftigkeit der Welt verloren:

---

[2] Vgl. *K.-H. Volkmann-Schluck*: Mythos und Logos, 1969. In Anlehnung an *Wilhelm Nestle*, Vom Mythos zum Logos. Die Selbstentfaltung des griechischen Denkens von Homer bis auf die Sophistik und Sokrates, [1940], 1975.

[3] Zum Stand der Suche nach der Weltformel: *Paul Davies*, Auf dem Weg zur Weltformel, 2005. Mehr als skeptisch inzwischen *Stephan Hawking* (Vortrag vom 8. März 2003 an der A&M University (Texas, USA): „Some people will be very disappointed if there is not an ultimate theory, that can be formulated as a finite number of principles. I used to belong to that camp, but I have changed my mind. I'm now glad that our search for understanding will never come to an end, and that we will always have the challenge of new discovery."

[4] In dieses Vakuum stößt die existentialistische Philosophie mit ihren epochalen Hauptwerken: *Martin Heidegger*, Sein und Zeit [1927]; *Jean Paul Sartre*, Das Sein und das Nichts [L'être et le néant, 1943]; Albert Camus, Der Mythos des Sisyphos [Le mythe de Sisyphe, 1942].

man weiß zwar alles, versteht aber nichts mehr.[5] Wenn alle aufgeklärt sind und alles rational erklärt werden kann, wird die Frage nach Sinn buchstäblich sinnlos. Der Sinn der Welt besteht dann darin, absurd, d.h. ohne Sinn „zum Tode zu sein". Dieser Verlust an Sinn, Orientierung und Identität als Folge rationaler Erkenntnis ist nur auszuhalten, wenn er den Menschen im Wege einer neuen Erzählung plausibel gemacht werden kann. So wird das Ende der einen Erzählung zum Beginn einer anderen. Und tatsächlich zählt dieser Mythos zu den ältesten der Menschheitsgeschichte: diese beginnt mit der Geschichte der Vertreibung aus dem Paradies als Preis der vermessenen Nascherei des Menschen vom Baum der Erkenntnis (Gen. 3, 1 – 24).

Tatsächlich hinterläßt eine sich selbst überlassene wissenschaftliche Rationalität mit ihren unablässigen Dekonstruktionen gesellschaftlicher Normalität und den unüberschaubaren Handlungsoptionen mehr Fragen als Antworten; es entsteht ein komplexitätsindiziertes Sinnvakuum, das durch rationales Denken nicht mehr ausgefüllt zu werden vermag.[6] Die rein rationale, technisch-funktionale Welt läßt geistige Leerräume entstehen, in der die Sehnsucht nach haltgebendem Sinn wieder aufkeimt und durch neue Erzählungen befriedigt werden will und wird. Nur den Wenigsten gelingt es, diesen Sehnsüchten zu widerstehen, auf die Frage nach dem sinnhaften Leben sowie auf die sie beantwortenden Erzählungen zu verzichten und sich stattdessen mit dem kontemplativen Schweigen des Mystikers zu begnügen[7] oder mit der eloquenten Lebensverachtung des Zynikers zu kompensieren. Den meisten Menschen hingegen erwächst – verloren und mit seinem ganzen positiven Wissen auf sich allein gestellt – sogleich die existentielle Sehnsucht nach dem verlorenen Paradies, nämlich die Welt wieder in und durch Erzählungen als sinnhafte verstehen zu können.[8] Auf der durchaus

---

[5] Exemplarisch *Wittgenstein*, Tractatus [1921], 1978, Vorwort, S. 8: „Ich bin der Meinung, die [sc. philosophischen] Probleme im Wesentlichen endgültig gelöst zu haben." Aber: „Wir fühlen, daß selbst, wenn alle möglichen wissenschaftlichen Fragen beantwortet sind, unsere Lebensprobleme noch gar nicht berührt sind." (Satz 6.52, S. 114).

[6] In der Zeitdiagnose ebenso: *Walter Kasper*, Die Gottesfrage als Zukunftsfrage, in: Jahres- und Tagungsbericht der Görres-Gesellschaft 2008, S. 33 (36).

[7] Nochmals *Wittgenstein*: „Die richtige Methode der Philosophie wäre eigentlich die: Nichts zu sagen, als was sich sagen läßt. [...] Diese Methode wäre für den anderen unbefriedigend – er hätte nicht das Gefühl, daß wir ihn Philosophie lehrten, aber sie wäre die einzig streng richtige." (Satz 6.53, S. 115). Konsequenz: „Es gibt allerdings Unaussprechliches. Dies zeigt sich, es ist das Mystische" (Satz 6.522). Aber: „Wovon man nicht sprechen kann, darüber muß man schweigen" (Satz 7).

[8] Exemplarisches Selbstzeugnis: *John Henry Kardinal Newmann*, Geschichte meiner religiösen Überzeugungen [1865], 1922, S. 258 f.: „Es liegt mir fern, die wirkliche Kraft der Beweisgründe für die Existenz Gottes zu leugnen, die aus der allgemeinen Tatsache der menschlichen Gesellschaft und aus dem Gang der Geschichte genommen werden; aber sie erwärmen und erleuchten mich nicht; sie nehmen den Winterfrost meiner Trostlosigkeit nicht von mir, bringen keine Knospen in mir zur Entfaltung und keine Blätter zum Grünen, sondern lassen meine Seele freudenleer."

rationalen Suche nach Sinn stößt der Logos zu seiner eigenen Überraschung wieder auf das Bedürfnis nach sinnstiftenden Erzählungen, d.h. den Mythos. Denn anders als der Logos vermag der Mythos Sinn zu stiften und Legitimation zu vermitteln.

Je näher rationale Aufklärung ihrem definitiven und ultimativen Sieg entgegeneilt, desto deutlicher wird also ihre lebensweltliche Ambivalenz: wenn die Menschen alles wissen, gerade dann wird das Bedürfnis nach neuen Erzählungen virulent, die das Tatsachenwissen als sinnhaft verständlich werden lassen, den roten Faden durch die angesammelten Wissensmassen weisen, pragmatische Kohärenz in und trotz empirischer Widersprüchlichkeit vermitteln, zeigen, „wie die Welt lebenspraktisch bewältigt werden kann". Diesem existentiellen Sinnbedürfnis können und wollen die meisten Menschen nicht ausweichen: sie suchen Sinn, weil sie ohne eine vage Vorstellung von Sinnhaftigkeit nicht „Ja zum Leben"[9] sagen könnten. Und sie finden den Sinn in Erzählungen, die die Kontingenz des Seins in die Notwendigkeit einer vorgegebenen oder vorgestellten Ordnung überführen. Erzählungen erfüllen ein anthropologisches Grundbedürfnis, dem sich niemand entziehen kann: „narrare necesse est".[10]

Erzählungen sind aber nicht nur lebenspraktisch notwendig, sie sind historisch sogar wirkkräftiger als alle rationale Welterklärung. „Keine noch so klare Gedankenführung kommt gegen die kraft echter, mythologischer Bilder auf".[11] Die unfreiwillige Pointe, daß die Verkündung *Lyotards* vom Ende der großen Erzählungen zufällig zusammenfällt mit der Präsentation einer neuen „unendlichen Geschichte", zeugt also von einer logischen Notwendigkeit: wenn die „großen Erzählungen" am Ende sind, muß eben und wird eben deswegen wieder neu erzählt werden müssen. So ist schon *Lyotards* Erzählung vom Ende der großen Erzählungen selbst nichts anderes als eine neue Erzählung: nämlich die Erzählung von der Höchstrangigkeit und individuellen Einzigartigkeit der Menschen, von der Macht der Freiheit und Vernunft, ihrer Fähigkeit, die Welt autonom, rational und selbstbestimmt gestalten zu können, Fortschritt zu bewirken, die Gleichheit aller Menschen zu befördern, Demokratie überall etablieren und durch weltumspannende Rechtsstaatlichkeit dem ewigen Frieden näherzukommen. So wird die mythenentsorgende Aufklärung paradoxerweise zu ihrem ei-

---

[9] *Viktor E. Frankl*, ... trotzdem Ja zum Leben sagen. Ein Psychologe erlebt das Konzentrationslager [1946], 2006.
[10] *Odo Marquardt*, Narrare necesse est, in: ders., Philosophie des Stattdessens, 2000, S.60 ff. Vgl. auch: Albrecht Koschorke, Nicht-Sinn und die Konstitution des Sozialen, in: Junge, Kay, Daniel Suber und Gerold Gerbe (Hg.), Erleben, Erleiden, Erfahren, 2008, S321 ff.
[11] *Carl Schmitt*, Der Leviathan [1938], 1982, S. 123.

genen Mythos. Eine neue Erzählung tritt an die Stelle der alten, ohne daß das neue, rationale Gewand der Erzählung die Beständigkeit ihres narrativen Kerns verdecken kann.[12] Die Inhalte wechseln, aber die Erzählungen bleiben. Seinen Erzählungen kann, will und darf der Mensch also nicht entfliehen. Aus ihnen bezieht er Kraft, Perspektiven und Motivationen für sein – individuelles wie kollektives – Dasein. Naturwissenschaftlich-positivistische Erkenntnisse können damit nicht konkurrieren: sie bieten Tatsachen, aber keinen Sinn.

II. Das moderne Ende der Staatserzählungen

1. Von traditionaler zu rationaler Herrschaft

Das – scheinbare – Ende der großen Erzählungen betrifft auch die alten Erzählungen vom Staat. Den politischen Gemeinwesen sind im Prozeß der Rationalisierung des Wissens und der Individualisierung der Gesellschaft ihre sinnstiftenden Erzählungen nach und nach verlorengegangen. Das Projekt der Neuzeit, Kontingenz in Notwendigkeit, Geschichte in Vernünftigkeit und traditionale in rationale Herrschaft zu überführen, hat auch die Konstruktion und Legitimation der politischen Gemeinwesen nicht unberührt gelassen. Tradierte Staatserzählungen wurden auf Herkommen, Plausibilität und Wahrheitsgehalt überprüft. An die Stelle der Erzählung trat die wissenschaftliche, empirisch überprüfbare positive Erkenntnis. Staatstheoretisch folgte daraus die Rückführung politischer Herrschaft auf die im Staatsverband zusammengeschlossenen und als frei gedachten Individuen. Mit dem – wenn nicht authentischen so doch treffenden – Wort Luthers vor dem Reichstag in Worms 1521 – „Hier stehe ich, ich kann nicht anders" – war die nicht mehr hintergehbare Souveränität des Individuums unumkehrbar in die Welt der Politik eingedrungen. Das Individuum war fortan nur noch der Herrschaft bereit zu gehorchen, die sich vor dem Forum der Vernunft als legitime rechtfertigen konnte. Die daraus resultierende Umbasierung aller Herrschaftsverhältnisse auf Zustimmung der ihr unterworfenen Individuen prägt seither das neuzeitliche Staats- und Politikverständnis. Klassisch und exemplarisch hat *Thomas Hobbes* diesen Sachverhalt erstmals in der Lehre vom Staatsvertrag ausformuliert[13] und damit ein bis in unsere Tage hineinreichendes Legitimationsmuster bereitgestellt.[14]

---

[12] Vgl. *Hans Blumenberg*, Arbeit am Mythos, 1979, S. 40, der Mythen zutreffend umschrieben hat als „Geschichten von hochgradiger Beständigkeit ihres narrativen Kerns".

[13] *Thomas Hobbes*, Leviathan [1651], 17. Kapitel.

[14] Übersicht: *Otto Depenheuer*, Solidarität im Verfassungsstaat [1991], 2009, S. 242 ff. mwN.

Ausgehend vom Individuum als der einzig unbestreitbaren Vorgabe für die Gestaltung des Gemeinwesens, flankiert vom Rationalismus als der einzig anerkannten Methode legitimer Erkenntnis, trat der Positivismus seinen unaufhaltsamen staatsrechtlichen Siegeszug an. Er stellte die überkommenen Mächte vor das Forum der Vernunft, entkleidete sie ihrer tradierten Legitimationen, entzauberte ihre Sinndeutungen und entsorgte die sie stützenden Erzählungen. Aus dem „Gefühl eigener Souveränität"[15] verabschiedete das sich frei wähnende und zur Vernunft berufene Individuum von traditionalen Formen politischer Herrschaft und verwandelte sie in rationale.

2. Abschied vom Heiligen Römischen Reich

Unter dem Druck rationaler Rechtfertigung haben die Erzählungen, die dem Heiligen Römischen Reich Deutscher Nation seine Legitimation und Notwendigkeit vermittelten, zunächst ihre Glaubwürdigkeit eingebüßt und sodann die Existenz des Reiches untergraben. So hatte sich das Reich im hohen Mittelalter als Erbe Roms („translatio imperii") und als weltliche Schutzmacht des Christentums („Heilig") gesehen.

a) Überdehnung einer Idee: „Translatio imperii"

Die Erzählung von der Translatio imperii beruhte auf einem eschatologischen Deutungsschema für den Verlauf der Weltgeschichte, in deren Verlauf das Imperium Romanum als das letzte von vier Reichen galt. Seit Kaiser Konstantin habe das weströmische Kaiserreich in den Händen von Papst Silvester und seinen Nachfolgern geruht und sei im Jahr 800 mit Karl dem Großen auf die Franken und im Jahr 962 mit Otto I. auf die Sachsen bzw. Deutschen übertragen worden. Ab dem Ende des 11. Jahrhunderts wurde diese Translationstheorie reichsweit rezipiert, diente im Hochmittelalter der Rechtfertigung umfassender Rechts- und Machtansprüche des Papstes, bis sie im Laufe des 14. Jahrhunderts allmählich ihre Glaubwürdigkeit und machtpolitische Brisanz verlor.[16]

---

[15] *Jakob Burckhardt*, Die Kultur der Renaissance in Italien [1859], 1976, S. 123 ff., 128 ff.

[16] *Magnus Ditsche*, Translationstheorie, in: Lexikon für Theologie und Kirche, Band 10, 2001, Sp. 170 f.; *Adalbert Erler*, Translatio imperii, in: Handwörterbuch zur deutschen Rechtsgeschichte, Band 5, 1998, Sp. 300 f.; *Werner Goez*, Translatio imperii, 1958; *Heinz Thomas*, Translatio imperii, in: Lexikon des Mittelalters, Band 8, 1999, Sp. 944 ff.

Die Erzählung von der „translatio imperii" ermöglichte es, die Idee des Kaisertums um die Jahrtausendwende unter der Dynastie der Ottonen nachhaltig zu fundieren und zu erneuern. Bei der Krönung Otto's des Großen im Jahre 962 taucht erstmals die Bezeichnung „Heiliges Römisches Reich" als Zeichen ungebrochener, Jahrhunderte umfassender Kontinuität auf. Einen Höhepunkt erlangte das derart geadelte Kaisertum unter der Dynastie der Staufer. Als die Habsburger mit Rudolf I. Ende des 13. Jahrhunderts erstmals die Krone des Reiches erlangen konnten, war die Idee des universalen Kaisertums über die gesamte Christenheit in der Realität jedoch bereits gescheitert. Das Reich beschränkte sich auf Mitteleuropa mit Schwerpunkt auf den deutschsprachigen Ländern: der „römische" Anspruch war Erinnerung, das Reich nur noch „von Deutscher Nation".

b) Erosion einer Mission: die „Heiligkeit" des Reiches

Die Idee der Heiligkeit des Reiches blieb hingegen in seinen Symbolen und Insignien bis zu seinem Ende 1806 gegenwärtig: Reichskreuz und Heilige Lanze – Reliquien mit direktem Bezug zur christlichen Heilsgeschichte – verkörperten die Idee des heiligen Reiches, dessen Aufbau als Spiegelbild der göttlichen Ordnung in der Welt gesehen wurde: der Kaiser an der Spitze des weltlichen Reiches, dessen Autorität sich „von Gottes Gnaden" ableitet.[17]

Seine Konsistenz und Glaubwürdigkeit verloren hat diese das Reich tragende Erzählung spätestens im Zuge der Reformation. Als auf dem Reichstag zu Speyer 1529 die katholischen Reichsstände über die Ächtung Luthers entscheiden wollten, protestierten die evangelischen Stände mit der Begründung, „daß in den Sachen Gottes Ehre und unser Seelenheile und Seligkeit belangend ein jeglicher für sich selbst vor Gott stehen und Rechenschaft geben muß". Das war in der logischen Konsequenz die Aufhebung der Heiligkeit des Reiches. Sich gegenüber dem Kaiser, dem Oberhaupt der Christenheit, dem Schutz und Schirm der heiligen Kirche, nicht auf das göttliche, natürliche oder kanonische Recht, sondern auf das eigene Gewissen zu berufen, entzog der transzendentalen Legitimation des Reiches unwiderruflich die Grundlage. Es schwächte die Idee des Kaisertums entscheidend und ließ das Reich in einen Prozeß langwährenden Siechtums verfallen bis es schließlich 1806 – wie es Leopold von Ranke lapidar formulierte – „einfach aufhörte".

---

[17] Vgl. näher *Hans Hattenhauer*, Über die Heiligkeit des Heiligen Römischen Reiches, in: Wilhelm Brauneder (Hg.), Heiliges Römisches Reich und moderne Staatlichkeit, 1993, 125 ff.

3. Aufstieg und Fall nationaler Erzählungen

Die Lehre vom Staatsvertrag ersetze monarchisch-traditionale durch rationale Legitimation. Als rationales und universales Konzept des modernen Staates konnte sie allerdings nur Staatlichkeit „an sich" legitimieren, nicht hingegen das Existenzrecht konkreter Staat begründen und emotionale Bindungskräfte für ihn freisetzen. Diese Aufgabe fiel historisch der Idee der Nation zu – seit 1789 einer der neuen Götter der Welt.[18] Im Begriff der Nation wird exemplarisch das Doppelgesicht der Aufklärung deutlich. Zum einen zerteilt und pluralisiert die Idee der Nation die älteren Ideen der Menschheit, der Vernunft, der Stände, der Konfessionen, der sozialen Klassen und politischen Ideologien. Gleichzeitig und gerade dadurch vermochte die Idee der Nation die Vielfalt der eben erst in Freiheit entbundenen Individuen in eine neue, gleichmachende Einheit zu relativieren, sich gegen Universalismen, konkurrierende Partikularismen und anarchische Individualismen durchzusetzen. Individuen und Regionen, Gruppen und Milieus vereinheitlichen sich derart zur Nation. Die Welt differenzierte sich neu aus in die Vielfalt der Nationen. Die Idee der Nation wurde zum legitimierenden Träger der politischen Einheit. Der einzelne Mensch, auf sich allein gestellt, suchte Ersatz für die brüchig und fragwürdig gewordenen tradierten Bindungen und fand sie als Bürger in der Verbundenheit mit Seinesgleichen wieder: in der Nation[19]. Die Nation wurde damit zum Bezugspunkt und Ideal einer Solidargemeinschaft gleichberechtigter, freier Bürger. Sie vermittelt dem einzelnen Bürger Herkunft und Zukunft, sie transzendiert die je aktuelle Gegenwart auf etwas Ursprüngliches wie Zukünftiges hin und vermittelt ihm derart ein Stück Lebenssinn.

Tatsächlich erwuchs die Idee der Nation im 19. Jahrhundert zum geschichtsmächtigen Kristallisationspunkt politischer Einheit in Europa und in Deutschland.[20] Hier wurde der Kampf um den Nationalstaat in der ersten Hälfte des 19. Jahrhunderts und um die ideelle Stärkung des verspätet erreichten Nationalstaates in der zweiten Hälfte des 19. Jahrhunderts durch Rückgriff auf tatsächliche und vermeintliche germanischen Wurzeln zu erreichen gesucht, durch Denkmäler in Stein gesetzt, durch Mythen unterschiedlichster Provenienz in die Herzen neu eingeschrieben.[21] Die Analyse solcher neu erzählter Ursprungsmythen gibt

---

[18] *Thomas Nipperdey*, Deutsche Geschichte 1800-1866, 5. Aufl., 1991, S. 300 ff.,
[19] E. W. *Böckenförde*, Die Entstehung des Staates, in: ders., Recht, Staat, Freiheit, 1976, S. 112 f.; *Nipperdey* (N 17), S. 300; *Depenheuer* (N 14), S. 287 ff.
[20] Klassische Analyse: *Helmuth Plessner*, Die verspätete Nation, in: Ges. Schriften VI, 1982, S.11 ff.
[21] Vgl. nur *Herfried Münkler*, Die Deutschen und ihre Mythenn 2009; *Harald Biermann*, Die Entstehung des Mythos Nation, in: Otto Depenheuer, Recht und Mythos, 2009, S. 71 ff.; *Thomas Butz*, Visualisierung des Mythos. in: ebda. S. 85 ff.

unbewußt Auskunft über den mentalen Zustand einer Gesellschaft oder Nation. Und der Befund zeigt Deutschland als ein zutiefst verunsichertes Land, daß unter Rückgriff auf eine – teilweise zusammenfabulierte – Vergangenheit und – missionarische Kräfte freisetzende – Zukunft zu begründen und zu erfinden suchte, was ihm an gelebter Kontinuität tatsächlich fehlte. So lag beispielsweise dem an sich ganz harmlosen deutschen Waldmythos im 19. und 20. Jahrhundert eine Kontinuitätsvorstellung zugrunde, die über alle historischen Entwicklungen – Kriege, soziale Veränderungen und technische Revolutionen hinweg – eine Identität der Deutschen des Jahres um 1900 mit den alten Germanen unterstellte und bezeugte.[22] Die verspätete Nation spiegelt in diesen und vielen anderen Erzählungen das stets unglückliche Verhältnis der Deutschen zu ihrer jeweiligen geschichtlichen Situation: „sie sind von Vorgestern und Übermorgen, – sie haben noch kein Heute."[23]

Die Idee der Nation bestimmt – ungeachtet des Mißbrauchs und des millionenfachen Leids, daß in seinem Namen über die Völker der Welt hereinbrach – bis heute das politische Geschehen in der Welt. Der Befund separatistischer und integrationalistischer Tendenzen in der gegenwärtigen Staatenwelt widerspricht dem nicht: denn alle diese entstehenden neuen kollektiven Identitäten orientieren sich – oberhalb wie unterhalb – an der Nation. Die Idee der Nation markiert nach wie vor die maßgebliche Kategorie politischer Einheit. An ihr zerbrachen und zerbrechen nach wie vor Vielvölkerstaaten ebenso wie die Versuche, staatliche oder regionale Einheiten auf anderen Gemeinsamkeiten zu gründen.[24] Nur über die Nationalstaaten, nicht an ihnen vorbei, kann dies gelingen: offenbar muß die Nation historisch erst zu ihrem Recht gekommen sein, bevor sie sich öffnet und – allmählich – größeren transnationalen oder kleineren regionalen politischen Einheiten Raum gewährt[25]. Im Deutschland der Nachkriegszeit war

---

[22] Z.B. *E. Mogk*, Germanische Religionsgeschichte und Mythologie, 2. Aufl., 1921: „Wir erfahren von *Tacitus*, mit welch heiliger Scheu die Germanen ihre Wälder betraten. Noch heute wirkt die Stille oder das Rauschen der Bäume tief auf das Gefühl des Volkes ein", zit. nach *Lehmann*, in: Otto Depenheuer/Bernhard Möhring (Hg.), Waldeigentum, 2010, S. 6.

[23] *Friedrich Nietzsche*, Jenseits von Gut und Böse [1886], Kritische Studienausgabe, hg. v. Giorgio Colli und Mazzino Montinari (KSA), Bd. 5, 1980, S. 180, Ziff. 240.

[24] Diese Aussagen verstehen sich als realpolitischer Befund gegenwärtiger Staatlichkeit, nicht hingegen als Behauptung einer logischen Notwendigkeit nationalstaatlicher Fundierung politischer Herrschaft oder als darauf hinzielende normative Vorgabe. Zur Relativität und Historizität des Nationalstaates gilt nach wie vor *Ernest Renan's* lapidare Feststellung (in: Was ist eine Nation? [1882], in: Michael Jeismann/Henning Ritter (Hg.), Grenzfälle, 1993, S. 310): „Die Nationen sind nichts Ewiges. Sie haben einmal begonnen, sie werden einmal enden. Die europäische Konföderation wird sie wahrscheinlich einmal ablösen".

[25] Vgl. dazu *Depenheuer* (N 14), S. 305 ff.

indes die Idee der Nation als Folge totaler Überspannung und unsäglichen Mißbrauchs in einem Maße desavouiert, das nicht ohne Folgen bleiben konnte:

4. Die Bundesrepublik als „Staat ohne Idee"

So total die Niederlage und die moralische Desavouierung Deutschlands, so radikal war die Abwendung von den mißbrauchten und überzogenen Idealen von
Gestern. Auf die Überhöhung des Nationalen folgte – verschärft durch die nationale Traumatisierung in Ansehung des zu verantwortenden Holocaust[26] und
befördert durch die Teilung seiner staatlichen Existenz – die Dementierung der
nationalen Identität: ein Staat, der seine Identität in der Flucht vor sich selbst
sucht. Als „Staat ohne Idee"[27] suchte dieser seinen Halt zunächst in der Hingabe
an das Materielle im „Wirtschaftswunderland", sodann im Ritual eines verspäte-
ten, dafür aber um so „mutigeren" Antifaschismus des „Nie wieder" und „Weh-
ret den Anfängen",[28] schließlich in der technokratischen Vision eines Aufgehens
in ein staatlich geeintes Europa sowie letztendlich in der ideellen Hingabe an
universale Ziele: an Menschenrechten und Demokratie, Rechtsstaatlichkeit und
Umweltschutz soll die Welt diesmal genesen.

Die Identität deutscher Staatlichkeit erfüllt sich – so scheint es – nunmehr in
seiner Auflösung als staatliche Gemeinschaft. Als Avantgarde einer postnationalen Gesellschaft, die einen künftigen Weltzustand antizipieren soll, gibt sich die
verspätete Nation eine neue Erzählung: um auf keinen Fall von vorgestern zu
sein, will man schon heute von übermorgen sein. Die Abwendung vom nationalen deutschen Sonderweg geriet so unversehens zu einem neuen Sonderweg:
zum weltweiten Missionsauftrag im Dienste universaler Menschheitsziele.[29]
Doch just dadurch wird die Formulierung einer die konkrete Staatlichkeit
Deutschlands heute tragende Idee verfehlt, weil partikulare Alternativen zu diesen universalen Menschheitsidealen nicht einmal mehr gedacht werden können.
Werden die universalen Ziele aber verfehlt oder dauert ihre Verwirklichung et-

---

[26] Zur Bedeutung der Erinnerung an den Holocaust vgl. *Aleida Assmann*, Der lange Schatten der
Vergangenheit, 2006, S. 235 ff., 255 ff.
[27] *Jens Hacke*, Die Bundesrepublik als Idee, 2009, S. 17 ff.; *Friedrich Sieburg*, Die Lust am Untergang, 1954: „Keine Propaganda, keine Erweckung alter Ressentiments, kein landschaftlicher Bezug
vermag uns darüber hinwegzutäuschen, daß dies Provisorium, in dem wir leben, keine Seele hat und
keine haben kann. Alle Versuche, uns ein Gefühl von der nationalen Wirklichkeit der Bundesrepublik einzureden, sind Selbsttäuschung."
[28] Vgl. *Horst Meier*, Sonderrecht gegen Neonazis?, in: Merkur 64 (2010), S. 539 (542 ff.).
[29] Vgl. *Otto Depenheuer*, Risiken und Nebenwirkungen menschenrechtlicher Universalität, in: Josef
Isensee (Hg.), Menschenrechte als Weltmission, 2009, S. 81 ff.

was länger als gedacht, dann stünde Deutschland einmal mehr anders da als alle seine Nachbarn: nämlich ohne eine tragfähige Erzählung für das „Hier und Heute" seiner staatlichen Existenz.

Aber auch Europa und der Westen stehen fragiler da als gedacht und erhofft. Die Herausforderung durch den internationalen Terrorismus und die Weltfinanzkrise haben die ohnehin wachsenden (Selbst-) Zweifel an den universalen Werten des Westens – an den Idealen von Selbstbestimmung, Rationalität und Vernunft – weitere Nahrung geliefert. Indiz dafür ist nicht zuletzt ein zunehmend abnehmender Selbstbehauptungswille des Westens gegenüber selbstbewußt auftretenden Alternativen ideologischer (Fundamentalismus)[30] und machtpolitischer (China) Provenienz. Die demokratischen und rechtsstaatlichen Heiden dieser Welt sind von den Vorzügen westlicher Lebensart immer weniger überzeugt und weisen seine Sendbotschaften immer selbstbewußter zurück. Europa ist ob seiner Mission zunehmend verunsichert, gerät erstmals in der Neuzeit politisch, wirtschaftlich und kulturell in die Defensive, vermag aber unter Umständen gerade dadurch zu neuer Identität zu finden.[31]

Ein Staat ohne eine Idee seiner selbst – „national nicht sein wollen, universal nicht sein können" – gibt sich auf. Tatsächlich scheint sich allmählich wieder ein unverkrampftes, freundliches und weltoffenes Nationalgefühl einzustellen, die eine Brücke zur nationalen Aufbruchstimmung in der ersten Hälfte des 19. Jahrhunderts schlagen kann. Der widerwärtige Slogan „Deutschland verrecke" beweist dies unbewußt und e contrario: in ihm wird die Wut erkennbar, daß sich unterhalb und ungeachtet feuilletonistischer Intellektuellendebatte das Nationale als elementares soziales Bezugssystem erhalten hat. Notwendigkeit und Legitimität einer national-partikularen Erzählung zeigte sich für viele überraschend im – nicht zufällig so genannten – Sommer-„Märchen" des Fußballjahres 2006. Aber auch dieses unverkrampfte staatliche „Heute" muß erzählt und in einen Kontext gestellt werden können.

---

[30] Näher dazu: *Otto Depenheuer*, Selbstbehauptung des Rechtsstaates, 2. Aufl., 2007.
[31] Zur Identitätskonstitution kollektiver Einheiten durch Erinnerung an Leiden und Herausforderung durch Gefahren *Renan* (N 24), S. 309: „Das gemeinsame Leiden verbindet mehr als die Freude. In den gemeinsamen Erinnerungen wiegt die Trauer mehr als die Triumphe, denn sie erlegt Pflichten auf, die gebietet gemeinschaftliche Anstrengungen."

III. Postmoderne Unentrinnbarkeit der Staatserzählungen

1. Die staatskonstituierende Bedeutung einer Idee

Die Erzählungen vom Staat folgen den Staaten wie ein Schatten. Auch der rationale, auf der Freiheit des Einzelnen aufbauende Staat kann nicht ohne Erzählungen sein. Erzählungen müssen politische Einheiten tragen und plausibilisieren, solange die „Einheit der Welt" nicht besteht. Diese politischen Einheiten sind aber ohne ein „geistiges Prinzip" (*Ernest Renan*) nicht vorstellbar: sie bedürfen einer grundlegenden Idee in Form einer Erzählung, die ein Volk eint und es zum konkreten Staat verbindet, die vielfältigen Einflüsse, Traditionen und Überlieferungen, Träume und Erwartungen integriert.[32] Sie gibt ihm derart ein Bild von der eigenen Geschichte, dem Sinn seiner künftigen Existenz und formuliert die „Übereinkunft, dem deutlich ausgesprochenen Wunsch, das gemeinsame Leben fortzusetzen."[33] Denn alle sozialen Gesellschaften können nur entstehen und bestehen, wenn sie sich die eigene Welt sinnhaft machen. Und sie tun dies, indem sie Bilder von sich als Ganzheit entwerfen, indem sie von derartigen Bildern – etwa der Idee der Nation – ausgehend Institutionen schaffen und Techniken politischer Repräsentation ersinnen, die das unsichtbare soziale Ganze real verkörpern.[34]

Diese emotionale, erzählte Seite der staatlichen Existenz ergänzt das zweckrationale Konstrukt des modernen Staates. Die Erzählungen vom Staat lassen die staatliche Gemeinschaft „in sich selber ruhen", mit sich selbst im Reinen und dadurch für seine Nachbarn berechenbar sein. Zugleich erfüllen sie emotionale Bedürfnisse der Bürger. Schon Eichendorf formulierte, daß „das Volk [...] weder von Brot noch von Begriffen allein [sc. lebe]; es will durchaus etwas Positives zu lieben, zu sorgen und sich daran zu erfrischen, es will vor allem eine Heimat haben in vollem Sinne, d.i. seine eigentümliche Sphäre von einfachen Grundgedanken, Neigungen und Abneigungen, die alle seine Verhältnisse lebendig durchdringen und in keinem Kompendium registriert stehen."[35] Dieser Gemütsbedarf läßt sich allein intellektuell und rational nicht befriedigen.[36] „Der

---

[32] Überblick: *Manfred Hettling* (Hg.), Volksgeschichten im Europa der Zwischenkriegszeit, 2003.
[33] *Renan* (N 24), S. 309.
[34] *Albrecht Koschorke*, Staaten und ihr Feinde, in: Jörg Huber (Hg.), Einbildungen, Zürich 2005, S. 93 (95); *ders.*, Zur Logik kultureller Gründungserzählungen, in: Zeitschrift für Ideengeschichte (ZIG), 2007, Heft 1/2, S. 5 ff.
[35] *Joseph Freiherr von Eichendorff*, Politischer Brief, in: Sämtl. Werke, Historisch-kritische Ausgabe (ed. Kosch/Sauer), Band 10, 1911, S. 355.
36 Näher *Otto Depenheuer*, Die Kraft des Mythos und die Rationalität des Rechts, in: ders. (Hg.), Mythos als Schicksal, 2009, S. 7 ff.

Mensch lebt nicht vom Brot allein, sondern von jedem Wort, das aus dem Munde Gottes kommt" (Mt 4,1-11). In diesem Wort zeigt sich die Vorherrschaft des Geistigen über das Materielle. Als anthropologische Grundbefindlichkeit sucht dieses Bedürfnis sich die Gegebenheiten, an denen er anknüpfen und aus denen es Sinn ziehen kann. Seine politisch durchaus ambivalenten Wirkungen dürfen staatstheoretisch nicht ignoriert werden. Vielmehr besteht die Aufgabe darin, dieses rational nicht völlig aufzulösende Bedürfnis – theoretisch, politisch und staatsrechtlich – Ernst zu nehmen, es aufzufangen und in eine politisch gemeinwohldienliche Richtung hin zu kanalisieren.[37]

2. Kontingente Sinnhaftigkeit statt universaler Wahrheit

Die Feststellung der narrativen Einbettung aller Sozialstrukturen gilt ungeachtet des Wissens, daß es sich bei den Erzählungen nur um eine narrative Interpretation der Welt handelt. Denn der Mensch will nicht nur mit der Realität leben, sondern den Sinn für sich und seine Umwelt erkennen. Der Rationalismus kann Erzählungen als Illusionen zerstören, nicht aber Geschichten plausibel neu erzählen, kann nur Mythen entzaubern, weil es ihm an der Fähigkeit fehlt, die nackte Wirklichkeit zu verzaubern. Die aufklärerische Entzauberung der Welt bedeutet daher nicht das Ende der Erzählungen, sondern der Beginn von neuen.

Die Wahrheit der Staatserzählungen ist eine funktionale: bezogen auf den Zweck, einer gegebenen Gemeinschaft ein ideelles Fundament zu geben. Indem sie zwischen Erinnern einer großen und Vergessen schlimmer Vergangenheit changieren, wirken sie als partikulare Wahrheiten – wahr für diejenigen, die an sie glauben (wollen). Erzählungen sind eine Form der Reduktion von Komplexität: sie vermitteln Identität, Notwendigkeit, Kohärenz, Selbstsicherheit über die Kontingenz, Widersprüche und Brüche des eigenen Lebens. Ihre Authentizität ist der von Biographien vergleichbar und oszillieren wie diese zwischen Erinnern und Vergessen.[38] Sie sind die ins Kollektive gehobenen „Lebenslügen", die Hendrik Ibsen in seinen Dramen für das Individuum immer wieder thematisiert: persönlichkeitsstabilisierend, aber stets bedroht von der Wahrheit.[39]

Die Konstitution der Welt durch Erzählungen ist ebenso unhintergehbar wie imaginär. Doch ohne derartige Operationen im Imaginären gäbe es überhaupt keine politischen Orte, keine Adressaten, keine Stellvertretung, kein politisches

---

[37] *Depenheuer*, Integration durch Verfassung, DÖV 1995, 854 ff.
[38] Vgl. zusammenfassend *Assmann* (N 26), passim.
[39] *Daniel Goleman*, Lebenslügen. Die Psychologie der Selbsttäuschung 1987.

Handeln.[40] Einer Erzählung vom Staat vorzuwerfen, sie sei historisch falsch und beruhe auf bloßer Einbildung, ist daher ebenso zutreffend wie unerheblich. Entscheidend ist, daß sie „philosophisch wahr"[41] ist. Zu einer philosophisch wahren Staatserzählung bedarf es einer gut erzählten Geschichte und keiner Anatomie der historischen Wahrheit. Aus dem Erinnern wie dem Vergessen zehren alle Erzählungen vom Staat: „Das Vergessen – ich möchte fast sagen: der historische Irrtum – spielt bei der Erschaffung einer Nation eine wesentliche Rolle, und daher ist der Fortschritt der historischen Studien oft eine Gefahr für die Nation. Die historische Forschung zieht in der Tat die gewaltsamen Vorgänge ans Licht, die sich am Ursprung aller politischen Gebilde, selbst jener mit den wohltätigsten Folgen, ereignet haben. Die Vereinigung vollzieht sich immer auf brutale Weise."[42]

Das Amalgam von Erinnern und Vergessen liegt strukturell allen Ursprungsmythen zugrunde: sie suchen die Grundlagen religiöser, nationaler oder sonstiger ideologischer Identität in einen kohärenten Zusammenhang zu bringen. Sie bündeln Geschichtswünsche und Geschichtsvorstellungen einer Gesellschaft und geben diesen eine gesellschaftlich rezeptionsfähige Gestalt. Durch Massenmedien, Politiker, religiöse Organisationen und Erziehungsinstitutionen vermittelt fungieren sie als Bilder, in denen Völker ihre Vergangenheit deuten, ihre Gegenwärtig verstehen und ihre Zukunft ahnen können.[43] Die gute Erzählung löst das Identitätsproblem jeder Gemeinschaft,[44] eine adäquate Ästhetik sichert ihr die Wirkung.

Nur durch ein Narrativ, nicht durch die empirische – „philosophische" – Wahrheit findet eine konkrete Gemeinschaft ihre Kohärenz. *Nietzsche's* Polemik gegen die nützlichen Wahrheiten bietet daher eine ebenso zutreffende Diagnose wie eine verfehlte Therapie: „Dem Staat ist es nie an der Wahrheit gelegen, sondern immer nur an der ihm nützlichen Wahrheit, noch genauer gesagt, überhaupt an allem ihm Nützlichen, sei dies nun Wahrheit, Halbwahrheit oder Irrtum. Ein Bündnis von Staat und Philosophie hat also nur dann einen Sinn, wenn die Phi-

---

[40] *Albrecht Koschorke*, Staaten und ihr Feinde, in: Jörg Huber (Hg.), Einbildungen, Zürich 2005, S. 93 (95).

[41] So – in Anlehnung an *Carl Gottlieb Svarez* – die Erzählungen von Staatsgründungsverträgen für zwar nicht „historisch richtig", wohl aber „philosophisch wahr" erklärte (zit. nach *Adolf Stölzel*, Carl Gottlieb Svarez, 1895, S. 384).

[42] *Renan* (N 24), S. 294 f.

[43] *D. Langewiesche*, 1948 – ein Epochenjahr in der deutschen Geschichte?, in: Geschichte und Gesellschaft 25 (1999), S. 613-625, 614.

[44] Vgl. näher: *Albrecht Koschorke*, Die Ästhetik und das Anfangsproblem, in: Robert Stockhammer (Hg.), Grenzwerte des Ästhetischen, 2002, S. 146 ff.

losophie versprechen kann, dem Staat unbedingt nützlich zu sein, das heisst den Staatsnutzen höher zu stellen als die Wahrheit. Freilich wäre es für den Staat etwas Herrliches, auch die Wahrheit in seinem Dienste und Solde zu haben; nur weiss er selbst recht wohl, dass es zu ihrem *Wesen* gehört, nie Dienste zu thun, nie Sold zu nehmen. Somit hat er in dem, was er hat, nur die falsche ‚Wahrheit‘, eine Person mit einer Larve: und diese kann ihm nun leider auch nicht leisten, was er von der ächten Wahrheit so sehr begehrt: seine eigne Gültig- und Heiligsprechung.‟[45] Die ätzende Verachtung für die narrative Bedingung staatlicher Gemeinschaft, die aus diesen Worten spricht, kann nur ein radikaler und furchtloser Individualist formulieren; wer hingegen die Aufgabe annimmt, „krumme Hölzer‟[46] in eine Ordnung und in eine Sinn stiftende Gemeinschaft zu überführen, wird die Not theoretischer Wahrheit als Tugend lebensdienlicher Notwendigkeit erkennen.[47]

3. Der Verlust der Idee als Anfang vom Ende eines Staates

Nur ihrer selbst bewußte Gemeinschaften werden von anderen respektiert und öffnen sich selbstbewußt anderen Gemeinschaften. Ohne eine sie tragende Idee hingegen werden Gemeinschaften entweder zu schwer berechenbaren Unsicherheitsfaktoren der Geschichte und damit zu politischen Gefahren für ihre Nachbarn,[48] oder aber sie hören „einfach auf‟ zu existieren. So wie das Individuum, wenn es nicht mehr weiß, wer, warum und wozu es ist, die Kohärenz seiner Persönlichkeit zu verlieren droht und psychisch labil wird, so geraten Staaten in Existenzgefahr, wenn sie und ihre Völker ihre ideelle Bande verlieren. Diese Korrelation vom Verlust der tragenden Idee zum Ende des Staates kann historisch vielfach belegt werden. Eine kleine Auswahl:

a) Als das Heilige Römische Reich Deutscher Nation seiner tragenden Legitimationsquellen – seines römischen Erbes und seiner heiligen Mission – verlus-

---

[45] *Nietzsche*, Unzeitgemäße Betrachtungen, Drittes Stück, Schopenhauer als Erzieher [1874], KSA, Bd. 1, 1980, S. 422.
[46] In Anlehnung an *Immanuel Kant*, Idee zu einer allgemeinen Geschichte in weltbürgerlicher Absicht, Sechster Satz, in: Werkausgabe (hg.v. Wilhelm Weischedel), 1968, Bd. XI, S. 41: „Aus so krummem Holze, als woraus der Mensch gemacht ist, kann nichts ganz Gerades gezimmert werden.‟
[47] Vgl. dazu exemplarisch am Beispiel der juristischen Methodik *Otto Depenheuer*, Reinheit und Recht, in: ders. (Hg.), Reinheit des Rechts, 2010, S. 7 (17 ff.).
[48] Zu den „incertudes allemandes‟ der Zwischenkriegszeit mit ihren verheerenden Folgen *Plessner* (N 20), Einführung 1959, S. 19 ff.

tig gegangen war,[49] vermochte es immer weniger Bindungskräfte zu entfalten. *Ernst-Rudolf Huber* hat diesen Sachverhalt treffend auf den Punkt gebracht: „Es war das Erlöschen des Willens zum Reich nicht nur bei seinen legitimen Trägern, den Reichsständen, sondern in der Nation selbst, das nach dem Verzicht des Kaisers auf Krone und Regierung nicht nur faktisch, sondern auch staatsrechtlich den Untergang des Reiches herbeiführte. So wie der Staat in seiner Entstehung nicht nur das Erzeugnis eines Rechtsaktes ist, sondern die staatsbegründende Aktion eine lebendige politische Gemeinsamkeit, einen verbindenden politischen Willen, den Glauben an eine die Einheit konstituierende Idee voraussetzt, so tritt der Untergang eines Staates nicht nur de facto, sondern auch de jure notwendig ein, wenn mit der Zerstörung oder Preisgabe seiner äußeren Form auch das Leben, der Wille und der Glaube aus dem zersprengten Staatskörper entschwinden. Nicht nur der juristisch fragwürdige Staatsakt des Kaisers vom 6. August 1806, auch nicht die konkludente Einwilligung der Reichsstände in diesen kaiserlichen Akt, sondern dieses Erlöschen des Willens der Nation hat staatsrechtlich zum Reichsuntergang geführt."[50]

b) In gleicher Weise folgte das Ende der Sowjetunion auf den nicht mehr zu leugnenden Verlust an Glaubwürdigkeit der tragenden Idee des Kommunismus. Die UdSSR legitimierte ihre staatliche Existenz aus der Selbstgewißheit, Kern und Motor des Übergangs zum Sozialismus zu sein. Als mit dem wirtschaftlichen Offenbarungseid diese Idee endgültig an der Wirklichkeit zerschellt war, erodierte auch in der sowjetischen Nomenklatura der Glaube an die allein seligmachende Kraft des Kommunismus, und hörte auch dieses Imperium „einfach auf". Gleichzeitig gab es den unterdrückten Völkern Osteuropas erstmals seit dem zweiten Weltkrieg eine Chance, die Idee ihrer nationalen Eigenständigkeit zu realisieren. Es folgte die Befreiung vom kommunistischen Joch in Osteuropa sowie durch zahlreiche Staatenbildungen auch innerhalb der ehemaligen Sowjetunion unter dem Signum des Nationalen.

Staaten wie etwa die Tschechoslowakei und Jugoslawien, die ihre Existenz dem Willen und den strategischen Interessen der Siegermächte des Ersten Weltkrieges verdankten, Bollwerke gegen deutsche Hegemonialbestrebungen zu bilden, lösten sich mit dem Oboselt-Werden ihrer Zwecksetzung auf. Nachdem die Ge-

---

[49] Vgl. oben S. 12 ff.
[50] *Ernst-Rudolf Huber*, Deutsche Verfassungsgeschichte, Bd. I, 1960, S. 73. Ähnliche Diagnosen: *Thomas Nipperdey* (Deutsche Geschichte 1800-1866), S. Aufl., 1987, S. 12): „Das Reich stand zum Konkurs an, es hatte nur noch ein Schattendasein"; *U. Rameil* (Restitutio imperii?, in: C.H. Jamme/O.Pöggeler (Hg.)m Frankfurt aber ist der Naben dieser Erde", 1983, S. 135 ff.): „Der Selbsterhaltungswille des Reiches war erloschen."

fahr keinen Realitätsbezug mehr aufweisen und die kommunistische Zwangsherrschaft die Kunstgebilde nicht mehr durch Gewalt zusammenhalten werden konnte, kam es in diesen Staaten zu Zerfall und Auflösung beider Staatsverbände. Auch im Hinblick auf die Entwicklungen im Königreich Belgien wird es immer fraglicher, ob eine gemeinsame und überzeugende Erzählung ein gemeinsames Zusammenleben der verschiedenen Volksgruppen narrativ ermöglicht, oder ob sie eine separate sprachorientierte Eigenstaatlichkeit mit je eigenen Erzählungen vorziehen.

4. Erzählungen rationaler Staatstheorie

Theoretische Notwendigkeit und Unvermeidlichkeit einer den Staat fundierenden Erzählung lassen sich nicht nur historisch vielfältig verifizieren. Die Erzählungen mögen wechseln, aber eine steht immer legitimierend und orientierend im Hintergrund – andernfalls hört der Staat „einfach auf". Das „Ende der Erzählungen" ist also entgegen *Lyotard* nur das „Ende *einer* Erzählung", zugleich aber der Beginn einer *neuen und anderen*. Hat die eine Erzählung ihre Überzeugungs- und Bindungskraft eingebüßt, stellen sich unvermittelt neue, wenn auch in anderem Gewande, wieder ein. Selbst die rationale Staatstheorie vermag der Notwendigkeit einer nicht-rationalen, aber sinnstiftenden Erzählung nicht zu entgehen:

Elementare Erzählbedürftigkeit begleitet schon das historisch erste Beispiel der rationalen Staatstheorie. Der Vordenker des modernen Staates *Thomas Hobbes* kompensierte seine rational-mechanistische Staatskonstruktion mit der fiktiven Erzählung vom Staatsvertrag aller mit allen („pactum unionis")[51] und besiegelte ihre „Wahrheit" gar mit dem mythischen Bild des Leviathan.[52] Selbst die Idee des Staatsvertrags – exemplarische Ausgeburt strikter Rationalität auf der Basis abstrakter Individualität – bedarf in den Augen seines Schöpfers der Vermittlung durch eine affirmative Erzählung. Diese ist zwar unzureichend, da sie nur Staatlichkeit an sich, nicht aber den konkreten Staat legitimieren kann;[53] aber ungeachtet dessen zeigt dieser Befund die emotionale Leere, lebenspraktische Unzulänglichkeit und narrativer Kompensationsbedürftigkeit rein rationaler Konstruktionen des politischen Gemeinwesens. Deswegen glaubte selbst *Hob-*

---

[51] Zur *Svarez* Qualifikation des Staatsvertrages als zwar nicht „historisch richtig", wohl aber „philosophisch wahr" vgl. Nachweise o. FN 35.

[52] Vgl. *Hobbes* (N 13), 17. Kapitel. Zum darin liegenden mythologischen Gehalt vgl. *Carl Schmitt*, Der Leviathan [1938], 1982, S. 9 ff.

[53] Näher *Depenheuer* (N 14), S. 257 f.

bes, dieses Defizit durch Erzählungen und im mythischen Bild eines Seeunge-
heuers bannen zu müssen und zu können.

Auch der freiheitliche Verfassungsstaat des Grundgesetzes kann und will nicht
ganz von Erzählungen absehen. Das Grundgesetz fabuliert in seiner Präambel
märchengleich über „das Deutsche Volk", das sich „dieses Grundgesetz gegeben" habe. An dieser Selbstbeschreibung des parlamentarischen Rates ist indes
so ziemlich alles unzutreffend: ob das „Deutsche Volk" eine Verantwortung gegenüber Gott empfunden hat, ist zumindest fraglich, vor allem aber kann man es
gar nicht wissen. Entscheidend aber ist: das Deutsche Volk hat sich diese Verfassung nicht gegeben, schon gar nicht aufgrund seiner verfassunggebenden,
d.h. souveränen Gewalt. Das erzählerische, Identität des neuen Staates stiften
sollende Element der Präambel wird deutlich, wenn man sie – im Kontrast dazu
– realistisch formulierte. Dann könnte sie lauten:[54] „Nach der vernichtenden
Niederlage des Deutschen Reiches 1945 haben die Siegermächte die oberste
Regierungsgewalt in Deutschland übernommen. Nachdem die Siegerkoalition
auseinandergebrochen war, verpflichteten die Militärgouverneure der westlichen
Besatzungsmächte am 1. Juli 1948 die Ministerpräsidenten der inzwischen neu
gebildeten westlichen Länder, eine verfassunggebende Versammlung einzuberu-
fen. Dieser Parlamentarische Rat wurde auf Weisung der Militärgouverneure
von den Landtagen gewählt. Er hat das folgende Grundgesetz vom 8. Mai 1949
verabschiedet. Die Militärgouverneure haben es am 12. Mai 1949 genehmigt".
Diese historische Realität wäre weniger geeignet gewesen, das neue Gemeinwesen normativ zu fundieren; dazu bedurfte es der erzählerischen Überhöhung
durch die mythische Figur der verfassungsgebenden Gewalt.[55] Dem Staat liegt
also – mit *Nietzsche* und entgegen dem erklärten Selbstverständnis des
Verfassunggebers – nicht an Wahrheit, sondern an Legitimation durch narrativ
vermittelte Zustimmungsfähigkeit.

Auch narrative Staatseschatologien haben Tradition und vollziehen sich in Erzählungen. Sie bestätigen die These von der Unvermeidlichkeit einer legitimierenden Erzählung vom Staat, die selbst für die wissenschaftlichen Prophezeiun-
gen von seinem Ende gilt. Diese entpuppen sich bei näherem Hinsehen tatsächlich nur als Camouflage für die neue Erzählung für ein neues Herrschaftssys-

---

[54] So *Gerd Roellecke*, Verfassungsgebende Gewalt als Ideologie, JZ 1992, 929 (930). *Otto
Depenheuer*, Wahrheitsprobleme des Rechts – eine Einführung, in: ders. (Hg.), Recht und Lüge,
2005, S. 7 (12 ff.).
[55] *Christian Waldhoff*, in diesem Band S. 61 ff.

tem.[56] So prophezeite *Fichte*[57] ebenso wie *Engels*[58], daß sich der Staat am Ende der Geschichte als überflüssig erweisen und absterben werde. Sie erzählen das neuzeitliche Narrativ des ultimativen Fortschritts der Vernunft: wenn die Menschheit nach einem langen Prozess der Zwangserziehung durch die Avantgarde der Vernunft so gereift sein werde, daß ein jeder aus eigenem Antrieb leisten, was das Gemeinwohl erheischen werde, bedürfe es einer staatlichen Zwangsherrschaft nicht mehr. Auch *Nietzsche* fabuliert über den Verfall und den Tod des Staates als Folge seiner Demokratisierung: die Souveränität des Volkes vertreibe mit der Religion auch die Ehrfurcht, den Zauber und Aberglauben, auf die der Staat angewiesen sei. Die moderne Demokratie sei die historische Form des Verfalls des Staates, dem eine noch zweckmäßigere Erfindung, als der Staat es gewesen sei, siegreich folgen werde.[59] All die Todesprophetien haben sich bisher nicht erfüllt, was der jeweiligen politischen Funktion der narrativen Todesvisionen nicht entgegensteht. Der Staat ist nicht gestorben und wird auch nicht sterben, weil politische Herrschaft in welcher Form auch immer stets nur „ein neues Blatt im Fabelbuch der Menschheit entrollt" (Nietzsche). Daher werden die Erzählungen vom Ursprung des Staates ebensowenig absterben wie die Erzählungen von seinem Tod. Und wenn *Carl Schmitt* glaubte, dem Staat einen definitiven Totenschein ausstellen zu können, ohne darüber noch ein Wort verlieren zu müssen,[60] so hat zwar noch kein Theoretiker des Staates diesen „wortloser" verabschiedet, zugleich aber Phantasie, Wortgewalt und Wirkkraft fortdauernder Staatserzählungen unterschätzt.

5. Politik – Rivalität konkurrierender Erzählungen

Staatserzählungen haben ihre unvermeidliche Ambivalenz und politische Logik: sie konstituieren die kollektive Identität einer Gemeinschaft, grenzen sie aber

---

[56] *Josef Isensee*, Die Staatlichkeit der Verfassung, in: Otto Depenheuer/Christoph Grabenwarter (Hg.), Verfassungstheorie, 2010, § 6, Rn. 52 f.

[57] *Johann Gottlieb Fichte*, Einige Vorlesungen über die Bestimmung des Gelehrten, 1794, S. 33 f.; *ders.*, Die Staatslehre oder das Verhältnis des Urstaates zum Vernunftreiche, 1820, S. 289 f.

[58] *Friedrich Engels*, Der Ursprung der Familie, des Privateigentums und des Staates (1884), in: *ders.*, Studienausgabe (hg. Von Mehringer/Merkner) Bd. 3, 1973, S.15 (141); *ders.*, Herrn Eugen Dührings Umwälzung der Wissenschaft (1894), in: Karl Marx/Friedrich Engels, Werke Bd. 20, 1975, S. 262, 620.

[59] *Friedrich Nietzsche*, Menschliches, Allzumenschliches (1878), KSA, Bd. 2, 1980, S. 302 ff. [Aphorismus 472]).

[60] *Carl Schmitt*, Der Begriff des Politischen [1932], Vorwort von 1963, S. 10: „Die Epoche der Staatlichkeit geht jetzt zu Ende. Darüber ist kein Wort mehr zu verlieren." Ähnlich *Joseph H. Kaiser*, Staatslehre, in: StL, Bd. 5, [7]1989, Sp. 188 (195). Weitere Endzeitprognosen und –diagnosen *Helmut Quaritsch*, Staat und Souveränität, Bd. 1, 1970, S. 11 ff.

genau dadurch gegenüber anderen Identitäten ab. Sie verzichten auf universale Lesbarkeit, um partikulare Wirkung entfalten zu können. Sie entfalten die Einheit der staatlichen Gemeinschaft zwischen Identität und Differenz: „Wir sind, was wir sind, durch unser Verhältnis zu anderen."[61] Und diese Verhältnisse werden durch Erzählungen kommuniziert.

Es gibt einen Wettbewerb von Staatserzählungen. Staaten, die einen Traum verbürgen und die Hoffnung für Menschen repräsentieren,[62] verfügen über deutlich attraktivere Erzählungen als andere, die sich in einer Erzählung ihrer selbst nach außen verschließen. Umworben wird und selbstbewußt ist der Staat, der die bessere Erzählung zu erzählen versteht.[63] Unvermeidliche wie unliebsame Kehrseite dieser narrativen Herstellung von partikularer Identität ist die Exklusion der jeweils Anderen: wer die Erzählungen nicht versteht, sie nicht für sich gelten lassen kann oder will, gehört nicht zur Erzählgemeinschaft. Daraus können Übersteigerungen, Phantasmen und Perhorreszierungen des „Anderen" – des „Barbaren", „Fremden", „Ausgeschlossenen", „Feindes" – resultieren und sind im historischen Rückblick immer wieder zu beobachten. Derartige Verabsolutierungen sind aber weder historisch notwendige noch logisch zwingende Folge der Erzählungen. Man kann die eigenen Erzählungen lieben, gleichzeitig die anderen respektieren und sich davon bereichern lassen. Dies ist auch deswegen lebensdienlich, weil alle Menschen in einem Netz von Erzählungen gefangen sind: alle über Inklusion und Exklusion richtenden Erzählungen sind daher immer relativ, bezogen nur auf eine von vielen erzählten Gemeinschaften: des Landes, der Region, der Stadt, der Religion, der Partei, des Unternehmens etc.[64] Es gibt also nicht die eine große Erzählung; die heutige Wirklichkeit wird geprägt durch die Realität einer Pluralität von Erzählungen. Ein nie auszuschließender Mißbrauch einer Erzählung spricht daher nicht gegen diese und erst recht nicht gegen den Befund der Unvermeidlichkeit von Erzählungen. „Abusus non tollit usum" statuierten die Digesten und darüber sollte auch im Hinblick auf die Erzählungen vom Staat nicht ernsthaft gestritten werden müssen

Politische Einheiten grenzen sich wie alle anderen sozialen Gemeinschaften durch unterschiedliche und konkurrierende Erzählungen voneinander ab. Diese

---

[61] *G. H. Mead*, Geist, Identität und Gesellschaft, 1968, S. 430.

[62] Beispiele: der amerikanische Traum vom „Schmelztiegel", das Versprechen der französischen Revolution von „Freiheit, Gleichheit, Brüderlichkeit".

[63] Vgl. *Müller* in diesem Band, S. 135 ff.

[64] Überzeugendes Plädoyer gegen ein einziges, singuläre, alle anderen absorbierenden oder überlagernden Identitätsmerkmal *Amartya Sen*, Die Identitätsfalle, 3. Aufl. 2007. Auch im Bereich der Einheitskonstruktion von Individuen und Gruppen zwischen Identität und Differenz obwaltet eine Gewaltenteilung, die Distanz, Freiheit und Toleranz ermöglicht.

entscheiden über Exklusion und Inklusion. Aus einem universalistischen Weltbild heraus muß die erzählerische Legitimation partikularer Gemeinschaftlichkeit freilich auf Ablehnung und Widerstand stoßen. In der entsprechenden politischen Befindlichkeit vieler deutscher Intellektueller dürfte der entscheidende Grund für deren eigenartige Wirklichkeitsverdrängung liegen: die Wirklichkeit des Partikularen stört den Traum des Universalen. In diesem gibt es nur Menschen und die eine Welt; der einzelne wird all seiner sozialen Bindungen – also allem, was ihn das Leben lebenswert machen kann – entkleidet, um ihm als Abstraktum rational Menschen- und Selbstbestimmungsrechte zuerkennen zu können. Der konkrete Staat wird dekonstruiert, um ihn als abstrakten rational und universal rekonstruieren zu können. In diesem Traum rationaler Universalität stören Erzählungen, die notwendig nur partielle Identität schaffen wollen, um dem „krummen Holze" des Menschen gerecht werden zu können. Folgerichtig werden sie unter Gefahrenverdacht gestellt, tribunalisiert und als Verstoß gegen das universale Postulat rationaler Welterklärung und –gestaltung abgelehnt. Politisch ist es dann konsequent, lautstark zu skandieren und als Graffiti zu schmieren: „Deutschland verrecke". Und auch der Aufschrei gegen ein Buch mit dem Titel „Deutschland schafft sich ab" ist dann vorhersehbar. Die konkret-individuelle Existenz des Staates hat dem abstrakt-universalen Prinzip der Menschenrechte zu weichen: die Konsequenzen daraus hat Europa im letzten Jahrhundert das Grauen gelehrt.

Doch die vermeintlichen Menschheitsphilanthropen sitzen ihrerseits – unbewußt und zudem noch unrealistisch – einer Erzählung auf, die in dieser Form und Radikalität wohl nur in Deutschland erzählt werden kann. Die Erzählung von der historischen Notwendigkeit, moralisch alleinigen Zulässigkeit und dem politisch unvermeidlichen Endsieg universaler Werte. Doch auch diese universalistische und rationalistische Megaerzählung verfügt zudem noch über ihre unfreiwillige Pointe: auch sie unterliegt der Logik der Erzählung, indem sie zwar theoretisch auf universale Inklusion zielt, aber praktisch Exklusion erzeugt und unbarmherzig exekutiert: die Ächtung *Thilo Sarrazins* durch nahezu die gesamte politische Klasse der Bundesrepublik enthält nicht weniger als eine politische Feinderklärung, flankiert von sozialer Ächtung – und das um der Menschenrechte willen.[65]

---

[65] Hier zeigt sich einmal mehr die verquere Logik aller universalistischen Erzählungen: sie bekämpfen die Freund-Feind-Unterscheidung im Namen einer alle übergreifenden Vernunft, um uno actu auf der Basis dieser „höherwertigen" universalen Erzählung den letzten Krieg gegen die letzten Ungläubigen führen zu müssen: die Freunde der Inklusion definieren ihre Feinde und exekutieren deren Exklusion. Vgl. *Dietrich Murswiek*, Der Verfassungsschutz, NVwZ 2004, 769 (771). Zur ähnlichen Logik des Pazifismus, der derart seinen „endgültig letzten Krieg der Menschheit" moralisch als totalen rechtfertigen kann, vgl. *Schmitt* (N 54), S. 37.

IV. Renaissance der Staatserzählungen?

1. Der Staat auf der Suche nach seiner Erzählung

Jede Wirklichkeit will verstanden, interpretiert und erzählt werden.[66] Jeder Staat verfügt daher, ob er will oder nicht, schon immer über eine Erzählung von sich selbst; kein Staat kann dem Schicksal entgehen oder entgegentreten, „erzählt zu werden". Da dem modernen Menschen die Idee apriorischer Wahrheit ungewiß geworden ist, bleibt ihm nur ein Ausweg: Hören, was Welt und Staat zu sagen haben, es kritisch bedenken und in einen Zusammenhang zu bringen versuchen. Staatstheorie hat in Ansehung dessen die Aufgabe, das „immanente Gesetz und Wesen [sc. hier: des Staates] zu erforschen und begreifend zu fassen".[67] So stellt sich die Aufgabe und Herausforderung zugleich, die den heutigen deutschen Staat – diesem „Staat ohne Idee" – latent fundierende Erzählung, d.h. seine vernünftige Interpretation, zu dechiffrieren und gemeinverständlich und anschlußfähig zu formulieren. Ein „Zurück zu den alten Erzählungen"[68] ist freilich nicht mehr möglich, schon deswegen nicht, weil nicht die Wirklichkeit eines früheren politischen Zustandes vernunftmäßig erschlossen und erzählt werden soll, sondern die Wirklichkeit des gegenwärtigen Deutschland zu Beginn des 21. Jahrhunderts in seinen politischen, ökonomischen und kulturellen Bindungen und Verflechtungen. Zudem können die alten nationalen Erzählungen in Deutschland kaum mehr ungebrochen erzählt werden, nachdem der Nationalismus als Folge seiner Verabsolutierung und Übersteigerung nachhaltig diskreditiert ist.

Eine zeitgemäße Erzählung muß die politischen Rahmenbedingungen der nationalen Existenz – den europäischen Integrationsprozeß sowie eine signifikante Zuwanderung aus anderen Kulturkreisen – in ein überzeugendes und vernünftiges Narrativs überführen, die politische Gegenwart des Gemeinwesens vernünftig auf den Begriff bringen, dem deutschen Volk als der Summe aller Staatsangehörigen ein (Selbst-) Bewußtsein seiner selbst geben, damit es politisch mit sich im Reinen sein zu kann. Nur dann nämlich kann es dem deutschen Volk gelingen, der Selbstverpflichtung der Präambel des Grundgesetzes Rechnung zu tragen, „als gleichberechtigtes Glied in einem vereinten Europa dem Frieden der Welt zu dienen". Und nur so können auch die Zuwanderer aus anderen Kulturen

---

[66] Vgl. *Hegel*, Grundlinien der Philosophie des Rechts [1821], Vorrede, Theorie Werkausgabe, 1970, S. 24: „Was wirklich ist, das ist vernünftig"
[67] *Hegel* (N 58), S. 15; *Gerd Roellecke*, Philosophische Geschichten – Aufgabe und Nutzen der Philosophie, in: Rechtstheorie 34 (2003), S. 207 (212 f.); Ähnlich: *Richard Rorty*, Der Spiegel der Natur, 1981, S. 404 ff mit seinem Konzept einer „bildenden Philosophie"
[68] Vgl. o. S. 6 ff.

sich in diese Erzählung wahrhaft eingeschlossen sehen, weil eine Erzählung des gegenwärtigen Deutschlands eben notwendig und unvermeidlich auch ihre Erzählung sein muß. Die notwendige Suche nach einer die deutsche Wirklichkeit vernünftig interpretierende Erzählung beinhaltet daher keine Absage an europäische, inter- oder transnationale Integrationsprozesse und deren Erzählungen. Im Gegenteil: sie ist notwendige Bedingung für eine wahrhafte Integration selbstbewußter Mitgliedsländer in einen Staatenverbund.

Die schiere sachliche oder politische Alternativlosigkeit politischen Handeln angesichts der genannten großen Herausforderungen – europäische Integration, Terrorismus, Zuwanderung – reicht demgegenüber langfristig nicht aus, um die Frage nach dem Sinn der politischen Existenz auf Dauer ruhig stellen zu können: „das Volk [...] will durchaus etwas Positives zu lieben, zu sorgen" haben (*Eichendorf*). Daher muß das politische Dasein des Staates ebenso wie seine Bewegungsgesetze von seinen Bürgern sinnhaft erfahren, positiv angenommen und als Notwendigkeit begriffen werden können. Die beliebten und wohlfeilen Verweise auf die europäische Integration als sicherheitspolitische Notwendigkeit, ihre wirtschaftspolitische Erfolgsgeschichte können zwar rational begriffen werden; aber diese Tatsachen müssen auch emotional nachvollzogen werden können, um dem gefährlichen Eindruck vorzubeugen, der eigene Staat sei Spielball anonymer, fremder Mächte. Auch die lang geleugnete Realität signifikanter Zuwanderung nach Deutschland und Europa hat bislang noch keine überzeugende Erzählung hervorgebracht, die diese Entwicklung als sinnhaft und dem gemeinen Besten dienend schlüssig interpretiert hat. Hier zeigt sich die noch unerfüllte Aufgabe, ein für alle Staatsbürger – autochthone wie zugewanderte – nachvollziehbares Narrativ zu formulieren, das der partikularen politischen Einheit Deutschland eine sinnhafte Funktion in einem zusammenwachsenden Europa überantwortet.

2. Das Scheitern universalistischer Erzählungen

Dafür, daß diese Aufgabe gerade in Deutschland der Erfüllung harrt, gibt es naheliegend Gründe: die nationale Katastrophe eines hypertrophen Nationalismus hat die Wirklichkeitsferne und damit Unvernunft entsprechender Mythen offenbart. Traumatisiert, schuldbeladen und reumütig haben die Deutschen nach dem Krieg allen partikularen Narrativen eine demonstrative Absage erteilt. Ökonomische Erzählungen vom Wirtschaftswunderland, technokratische Erzählungen von der wissenschaftlichen Weltbeherrschung, universalistische Erzählungen von Menschenrechten und Demokratie und vor allem die Selbsterzählung der europäische Integration beherrschten die Erzählweisen vom Staat, der sogar begrifflich durch die Erzählung von der Verfassung ersetzt wurde: „der Staat des Grundgesetzes".[69] Doch all diese Erzählungen sind seit dem Ende des Ost-West-Konfliktes 1989/90 schaal geworden: Wohlstand kann Sinnfragen nur vorübergehend stillstellen, in der Krise brechen sie umso schärfer wieder hervor. Das Vertrauen in die wissenschaftliche Rationalität schwindet, macht zunehmend skeptischer Unsicherheit und diffuser Angst Platz, die sich zur Frage verdichtet – „Dürfen wir alles, was wir können?" Die universalistischen Erzählungen von den Menschenrechten und der Demokratie haben an globaler Strahlkraft eingebüßt, sich als Titel für bewaffnete Interventionen selber desavouiert, so daß sie von den menschenrechtlichen Heiden inzwischen selbstbewußt und entschieden zurückgewiesen werden.[70] Und die Europäische Union hat in den beiden zentralen politischen Agenden der letzten zehn Jahre – dem Kampf gegen den internationalen Terrorismus und die Bewältigung der Finanzkrise – ein Schattendasein geführt, während die Nationalstaaten als die eigentlichen Handlungsakteure die Politik gestalteten. Die Bemühungen, Europa ein tragfähiges, glaubwürdiges und nachhaltiges Narrativ beizugeben:[71] sie haben bislang noch keinen durchgreifenden Erfolg gehabt. Und das Narrativ von der staatserzeugenden Verfassung schließlich erweist sich im Zuge staatlicher Selbstbehauptung gegenüber terroristischer Bedrohung und globaler Finanzkrise als viel zu dünn gewirkt, um tragfähig zu sein. Alles in allem indizieren diese Befunde ein zunehmendes Unglaubwürdig-Werden der wohlfahrtsstaatlichen und technokratischen, der wissenschaftlichen, universalistischen und verfassungsrechtlichen Erzählungen.

Auch der Staat des Grundgesetzes kann also nicht anders, als sich seine partikulare politische Existenz zu erzählen. Die abstrakten universalen Großerzählungen haben zwar noch Konjunktur. Sie können aber als Folge ihres Ansatzes gerade das nicht leisten, was sie leisten müßten: die Besonderheit des deutschen Staates in seiner gegenwärtigen realen Befindlichkeit gegenüber anderen Staaten, Europa und der Welt vernünftig zu interpretieren und dadurch zu fundieren. Indem sie in den Höhe universalistischer „Luftreiche" (*Heinrich Heine*) operieren, überfliegen sie die Niederungen partikularer Kulturen, denen sie nicht gerecht werden können. Aber läßt sich heute noch plausibel eine Geschichte erzählen, mittels derer Deutschland nach all den Verirrungen des letzten Jahrhunderts wieder politisch mit sich ins Reine kommen kann, ein „Ja zu seiner partikularen

[69] Vgl. *Isensee* (N 50), Rn. 44 ff.
[70] *Depenheuer* (N 26), S. 94 ff.
[71] Vgl. dazu nur den instruktiven Sammelband von *Almut-Barbara Renger/Roland Alexander Ißler* (Hg.), Europa – Stier und Sternenkranz, 2009; *Wolfgang Schmale*, Scheitert Europa an seinem Mythendefizit?, 1997.

nationalen Existenz" aussprechen kann? Die markante Zuwanderung könnte Indiz dafür sein, daß dieses Land bereits über eine „werbende Idee" (*Plessner*) verfügt, die nur noch erzählt werden muß.

3. Elemente einer aufgeklärten Staatserzählung

Eine überzeugende, tragfähige und werbende Erzählung für einen konkreten Staat in seiner gegenwärtigen geschichtlichen Situation kann zwar nicht „aus einem Guss" heraus erzählt werden, muß aber doch das „geistige Prinzip" des Staates zum Ausdruck bringen. „Zwei Dinge, die in Wahrheit nur eins sind, machen diese Seele, dieses geistige Prinzip aus. Eines davon gehört der Vergangenheit an, das andere der Gegenwart. Das eine ist der gemeinsame Besitz eines reichen Erbes an Erinnerungen, das andere ist das gegenwärtige Einvernehmen, der Wunsch zusammenzuleben, der Wille, das Erbe hochzuhalten."[72] In eine tragfähige Staatserzählung müssen also die vielfältigen historischen Entwicklungslinien und Erfahrungen ebenso eklektisch eingehen, wie sie andererseits offen sein muß für wechselnde Lagen und Herausforderungen, aus denen sie ergänzend relationale Identität abzuleiten weißt.[73] Die historischen Inhalte, die eine solche Erzählung – ausdrücklich oder andeutend – zusammenzubinden hätte, lassen sich abstrakt in Umrissen bezeichnen. Anknüpfen müßte diese Erzählung u.a. an die schwierige nationale Geschichte Deutschlands, indem sie deren Annahme im Guten wie im Bösen ermöglicht (a); an die gesamteuropäische Kulturgeschichte, die sich auf der Basis der klassischen griechischen Philosophie, in der Form des römischen Recht und im Schoße der christlichen Scholastik entwickelt hat (b); an die genuin gemeineuropäische Leistung der Kontingenzbewältigung in der Folge der Reformation (c). Sie müßte schließlich die kulturelle Offenheit des Landes für Integration und Zuwanderung im Geiste und am Maßstab des Abendlandes formulieren (d), ohne die Sehnsucht nach der Geborgenheit in der Sicherheit einer Heimat zu enttäuschen (e).

a) Nationale Erzählungen als Anknüpfungspunkt

Nur aus den Geschichten der Vergangenheit können die Geschichten für die Zukunft erwachsen.[74] Zwar bieten die alten Mythen keine vernünftige Erklärung

---

[72] *Renan* (N 24), S. 308.
[73] Zu den Kategorien der eklektischen und relationalen Identitätsfindung vgl. *Assmann* (N 26), S. 251 ff.
[74] *Hebeisen*, in diesem Band S. 35 ff.

für die Wirklichkeit gegenwärtiger Staatlichkeit. Gleichwohl gebietet nicht nur das historische Interesse die Beschäftigung mit den alten Erzählungen und Mythen. Tradierte Erzählungen müssen schon deswegen auch ein Element eines modernen Gesamtnarrativs sein, weil dieses ansonsten über nichts verfügte, woran die sinnliche Erfahrung des konkreten Staates anknüpfen könnte. Der unverkrampfte Umgang mit den alten deutschen Erzählungen vom Staat ist freilich ein nach wie vor schwieriges und heikles Unterfangen. Sie sind infiziert mit der Erfahrung der nationalsozialistischen Epoche, die wie Blei über der älteren deutschen Geschichte liegt, sie erdrückt und künftige, zukunftsweisende Erzählungen blockiert.[75] Als einzige Land in Europa können die Deutschen nicht ungebrochen „Ja zu ihrer eigenen nationalen Geschichte" sagen. Daraus darf aber kein Verzicht auf eine eigene Erzählung folgen, um nicht gerade dadurch wieder einmal auf einen Sonderweg zu geraten. Ein künftiges „Europa der Vaterländer" bedarf selbstbewußter, ihrer Geschichte – im Guten wie im Bösen – verbundenen Nationen. Der Weg zu einem „gleichberechtigten Glied in einem vereinten Europa" führt über die Nation und ihre alten Erzählungen, nicht gegen sie oder an ihr vorbei.

Das „Haus der Geschichte der Bundesrepublik Deutschland" in Bonn sowie das „Deutsche Historische Museum" in Berlin sind in dieser Hinsicht Boten selbstbewußter Staatlichkeit. Und tatsächlich gibt es Indikatoren für einen zunehmend unbefangeneren Umgang mit der eigenen alten Geschichte: die Umbettung Friedrich des Großen in Potsdam in Anwesenheit von Bundeskanzler *Helmut Kohl* 1991 mag dafür ebenso als Beispiel stehen wie die Eröffnungsfeierlichkeiten für das Museum und Park Kalkriese aus Anlaß der 2000. Wiederkehr der Varusschlacht in Anwesenheit von Bundeskanzlerin *Angela Merkel* 2001.[76]

b) Abendländische Identität

Nationale Geschichte ist eingebettet in europäische: beide können nicht ohne einander geschrieben werden. Europa, als dessen integraler Bestandteil sich Deutschland versteht, steht auf dem Boden der gesamteuropäischen Kulturgeschichte, die sich auf der Basis der klassischen griechischen Philosophie, in der Form des römischen Rechts und im Schoße der christlichen Scholastik entwickelt hat. Auf dem Boden dieser geistigen Potenzen haben sich Errungenschaften und Institutionen wie Demokratie und Universitäten, freie Städte und selbstbewußte Bürger, Wissenschaften und Künste, moderne Staaten und die Idee

---

[75] Zum Problem vgl. *Ulrike Jureit/Christian Schneider*, Gefühlte Opfer, 2010.
[76] *Reinhard Müller*, in diesem Band S. 135 ff.

Menschenrechte ausbilden können. Diese repräsentieren und bewahren u.a. die Absage an nationale Verengungen und die bewußte Öffnung für Fremde: so wie die Legende von Romulus und Remus es den Römern ermöglichte, sich als Rechtsgemeinschaft zu verstehen, in die jeder ungeachtet seiner Herkunft aufgenommen werden konnte, der die römischen Werte akzeptierte,[77] so kannte die Kirche keine nationalen Grenzen und Bürgerschaften, sondern nur den alle Unterschiede der Person überwölbenden Glauben. Aber nicht nur das römische und christliche Erbe, auch die Glaubensspaltung und ihre Bewältigung ist gemeinsame Grunderfahrung.

c) Säkularität und Kontingenzbewältigung

Die gemeineuropäische Erfahrung von Reformation, Glaubensspaltung und Säkularisierung kann ohne das vorhergehende Zusammenwirken von Staat und Kirche in der res publica christiana nicht erzählt werden. Die daraus ableitbare Leitkultur läßt sich wie folgt zusammen: „Primat der Vernunft vor religiöser Offenbarung, d.h. vor der Geltung absoluter religiöser Wahrheiten, individuelle Menschenrechte (also nicht Gruppenrechte), säkulare, auf der Trennung von Religion und Politik basierender Demokratie, allseitig anerkannter Pluralismus sowie ebenso gegenseitig zu geltende säkulare Toleranz."[78] Eine der gemeinsamen abendländischen Grunderfahrung markiert insoweit den Kern: der Verlust der einheitsstiftenden Wahrheit des katholischen Glaubens, die Bewältigung der dadurch bewirkten Ungewißheit und Skepsis durch prinzipielle Akzeptanz von Relativismus und Pluralismus sowie ihre institutionelle Bewältigung durch säkulare Staatlichkeit, Freiheit und Demokratie.[79] Die Säkularität des Staates ist in dieser Perspektive genuines Derivat des Christentums. Ohne diesen „religiösen Sündenfall" kann weder die Geschichte Europas noch die Realität freiheitlicher Verfassungsstaaten erzählt werden. So hat das Christentum seine den Kontinent prägende Wirkkraft über sein Auseinanderfallen hinaus – wenn nicht intentional, so doch objektiv kausal – bis heute entfaltet.[80] Ausgehend von der gemein-

---

[77] Vgl. näher *Alexander Demandt*, in diesem Band, S. 81 ff.

[78] *Bassam Tibi*, Europa ohne Identität?, 1998, S. XIV.

[79] Vgl. *Gerd Roellecke*, Schließt die Identität der europäischen Staaten einen europäischen Bundesstaat aus?, in: Eduard J. M. Kroker/Bruno Dechamps (Hrsg.), Das Menschenbild der freien Gesellschaft, Frankfurt a. M. 2000, S. 213 (224 ff., 228).

[80] Vor diesem Hintergrund bedeutet das dezidierte Verschweigen der christlichen Wurzeln Europas in der Präambel des Lissabon-Vertrages die bewußte Nichterzählung und peinliche Selbstverleugnung seiner Geschichte. Der nach langem Ringen gefundene Kompromiß lautet: „Schöpfend aus dem kulturellen, religiösen und humanistischen Erbe Europas, aus dem sich die unverletzlichen und unveräußerlichen Rechte des Menschen sowie Freiheit, Demokratie, Gleichheit und Rechtsstaatlich-

samen christlichen und römischen Tradition können und müssen die vielen Na-
tionalgeschichten der europäischen Staaten zusammengebunden werden und zu
einer spezifischen europäischen Fragestellung verdichtet werden.[81] Wie keine
andere müßte diese Antwort gebende europäische Erzählung Identität, Orientie-
rungssicherheit und Gelassenheit in Zeiten des Umbruchs vermitteln.

d) Ungewißheitsbewältigungshilfe durch Heimat

Jede Erzählung muß schließlich auf Einbettung der politischen Existenz des einzelnen wie der Gruppe in einen regionalen, erdverbundenen, konkret erfahrbaren Zusammenhang zielen: das Volk „will vor allem eine Heimat haben" (Eichendorf). Jede konkrete Heimat verfügt über einen reichen Schatz an Sagen
und Mythen, die nicht wahr sein müssen, um trotzdem an sie glauben zu können. Und man muß sie nicht einmal glauben, um sie trotzdem lieben zu können.
Sie bieten eine durch die Zeiten gleichbleibende, Heimat stiftende Geborgenheit. So hat beispielsweise das Mittelrheintal seine „mythische Szenerie [...]"
trotz aller Entstellungen [...] als Seelenlandschaft behaupten können, „weil der
nationale Mythos der Deutschen landläufig war". So konnte ihn „die Landschaft
stillschweigend aufnehmen und, als die mythischen Bedeutungen fragwürdig
wurden, verbergen. Es blieb trotzdem eine mythische Landschaft, die Mulde des
Mythos."[82]

Insoweit ist es mehr als ein glücklicher Zufall, daß diese Landschaft des oberen
Mittelrheintals mit ihren reichen Schatz rheinischer Sagen auch diesmal wieder
das ideale Umfeld bot für eine Tagung über die „Erzählungen vom Staat". Die
Tagung, deren Ertrag – ergänzt um die Beiträge von *Michael Walter Hebeisen*
und *Herfried Münkler* – hiermit der Öffentlichkeit zugänglich gemacht wird,
fand statt am 15. – 17. Januar 2010 auf der Schönburg oberhalb von Oberwesel.
Dank gebührt neben der Hanns-Martin-Schleyer-Stiftung, die die Durchführung
der Veranstaltung ermöglicht hat, und dem Verein zur Förderung der Rechtswissenschaft der Universität Köln e.V. für einen Zuschuß zu den Druckkosten.

---

keit als universelle Werte entwickelt haben". Dazu m.w.N. *Kolja Naumann*, Eine religiöse Referenz
in einem Europäischen Verfassungsvertrag, 2008.
[81] Vgl. *Assmann* (N 26), S. 250 ff., 255 ff.
[82] Vgl. *Henning Ritter*, Notizhefte, 2010, S. 77.

Geschichte der Vergangenheit, Geschichten für die Zukunft [1]

Michael Walter Hebeisen

> *"Der Staat ist die Geschichte als stillstehend, Geschichte den*
> *Staat als fliessend gedacht".*
> *(Oswald Spengler, 1922)* [2]

Inhaltsverzeichnis

---

[1] Gewidmet sei diese Einleitung zu zehn makroskopischen Momentaufnahmen der schweizerischen Verfassungsgeschichte Prof. *Alfred Kölz*, dem ich als fachliches und menschliches Vorbild viel verdanke. – Erstmals unter dem Arbeitstitel "Geschichte für die Zukunft" als Beilage zum Antrag an den Schweizerischen Bundesrat vom 28. Februar 1996 (aus Anlass des 150. Geburtstag des Schweizerischen Bundesstaates). Die Ausstellung betrachtete die Geschichte des Bundesstaates insbesondere unter politisch-strukturellem Blickwinkel und konzentrierte sich dabei im wesentlichen auf die Aspekte der Verfassung (von ihrer Entstehung bis hin zur laufenden Verfassungsreform), der Bundesinstitutionen (und dem Zusammenspiel der drei Gewalten), der politischen Prozesse und der Personen (die den Betrieb der Bundesinstitutionen gewährleisten).

[2] *Oswald Spengler*: Der Untergang des Abendlandes – Umrisse einer Morphologie der Weltgeschichte, München, 1922, Bd. 2, S. 446 (2. Auflage in einem Bd. 1923, S. 1005).

I. Der Bezug der Geschichte auf die Gegenwart und auf den sprachbegabten Menschen

Nachfolgend habe ich zwei zentrale Themen der Geschichtsphilosophie und der Geschichtsschreibung ausgewählt, die beispielhaft zeigen können, inwiefern wir uns in unseren Entscheidungen für unsere Zukunft auf geschichtliche Erfahrung bauen dürfen: Geschichte ist zunächst in uns allen gegenwärtig und überall da wirksam an unseren Entscheidungen beteiligt, wo wir die Umstände des Handelns umfassend beurteilen müssen; geschichtliche Überlieferung wird sodann vor allem in Geschichten mitgeteilt und weitergegeben, was zur interessanten Feststellung führt, dass vielleicht die Geschichte selbst, sicher aber deren wissenschaftliche Darstellung, von einer narrativen Struktur, d.i. von der Erzählform, nachhaltig geprägt wird. Der Begriff der Geschichte wird zunächst einmal als unproblematisch verwendet; man muss sich aber bewusst sein, dass die Frage, was denn die Geschichte überhaupt sei, nicht gegenständlich beantwortet oder vergegenständlicht werden darf. Eine angemessene Antwort findet die Frage letztlich nur in einem Überblick darüber, was die vergangenen Ereignisse jeder Epoche bedeutet haben und wie jede Epoche Geschichten darüber verfasste.

> *„L'histoire aujourd'hui est devenue une conaissance qui veut embrasser le passé de l'homme tout entier dans toute sa complexité et sa totale richesse. "*[3]

In gewisser Weise kann der rechtlich verfasste Staat mit seinem territorialen Ordnungsanspruch aufgefasst werden als Bedingung der Möglichkeit von Geschichte überhaupt;[4] ohne ein solches Herrschaftsprojekt kann man mit Fug behaupten, sei zwar eine Chronik der Ereignisse, nicht aber eine thematisch zusammenhängende Geschichte denkbar. Diese Sicht der Dinge ist aber nicht ohne Opposition geblieben, beispielsweise von der Schule der Annalen (LUCIEN FEBVRE, MARC BLOCH) und neuerdings von der französischen sogenannten *Nouvelle histoire*[5] wie auch etwa vom marxistischen Theoretiker ERIC J.

---

[3] *Henri-Irénée Marrou*: Qu'est-ce que l'histoire ? In: L'histoire et ses méthodes (Encyclopédie de la Pléiade), hrsg. von Charles Samaran, Paris: Éditions Gallimard, 1961, S. 32.

[4] Vgl. auf methodischer Ebene die Verbindung der Wissenschaften der Historie und des Rechts zu einer freundschaftlichen Symbiose bei *Jean Barbeyrac*: De dignitate et utilitate juris et historiarum et utriusque disciplinae amica conjunctione, Oratio inauguralis, quam dixit anno domini XIV. Kalend. April M.DCCXI. Joannes Barbeyracus, Juris & Historiarum in Academia Lausannensi Professor ordinarius, Lausanne helvetiorum, Apud Fridericum Gentil & Theophilum Crosat, M.DCCXI.

[5] *Jacques Le Goff / Roger Chartier / Jacques Revel* (Hrsg.): Die Rückeroberung des historischen Denkens – Grundlagen der Neuen Geschichtswissenschaft, Frankfurt am Main: Fischer Taschenbuch, 1990.

HOBSBAWM.[6] Doch mit dieser Bemerkung sind wir unvermittelt bereits tief in die zu behandelnde Problematik eingetaucht.[7]

II. Die Gegenwärtigkeit von Geschichte – Zum Verstehen historischer Überlieferung

Geschichte sei in uns allen gegenwärtig und überall da wirksam an unseren Entscheidungen beteiligt, wo wir die Umstände des Handelns umfassend beurteilen müssen, so habe ich diesen Aspekt der Geschichtlichkeit des Menschen obenstehend gefasst. Geschichte wäre denn nicht so sehr die Kunde des Verflossenen, der Vergangenheit, sondern vielmehr auf uns tradierte und nun in uns gegenwärtige geschichtliche Erfahrung. Die Geschichte vermöchte denn unser Handeln und unsere zukunftsrelevanten Entscheidungen anzuleiten, sei es dass sie neue Möglichkeiten des Handelns aufdeckt (heuristische Funktion), sei es dass sie als Massstab der Beurteilung dient für in Aussicht gestelltes Handeln (historische Urteilskraft).

Nun ist es nicht so, dass die in den Zeugen unserer Zeit gegenwärtige Vergangenheit unsere Zukunft determinieren, d.h. vollumfänglich vorausbestimmen würde.[8] Dieser Schluss von der Vergangenheit auf die Zukunft würde die republikanische Freiheit verletzen, die darin besteht, dass der Mensch Handlungen nicht-determiniert neu anfangen kann, dass er autonom handelt. Das Bewusstsein, dass die Menschen ihre Geschichte machen, hat sich allgemein durchgesetzt erst mit dem geschichtsphilosophischen Werk von GIOVANNI BATTISTA VICO: "Prinzipien einer neuen Wissenschaft über die gemeinsame Natur der

---

[6] *Eric J. Hobsbawm*: The Revival of Narrative – Some Comments, in: Past and Present, Bd. 86 (1980), S. 5ff.

[7] Vgl. im grösseren Zusammenhang *Michael Walter Hebeisen*: Recht und Staat als Objektivationen des Geistes in der Geschichte - Eine Grundlegung von Jurisprudenz und Staatslehre als Geisteswissenschaften, Biel/Bienne: Schweizerischer Wissenschafts- und Universitätsverlag, 2004, Teil 3: Rezeptive Hermeneutik und produktive Ästhetik – Geschichtliches Verstehen in wissenschaftsphilosophischer Perspektive, S. 457ff.; sowie weiterführend *dens*. Narrative Verfasstheit, Applikation und Epidigmatik, Juristische Urteilskraft – Neuere hermeneutische, semiotische und philosophisch-ästhetische Entwicklungen und ihre Anwendung auf das Rechtsdenken, in: Pragmatismus, Pluralismus, Realismus – Essayistische Abhandlungen zu den wissenschaftsphilosophischen Grundlagen für eine integrale Jurisprudenz sowie ergänzende rechtsphilosophische Anhänge, Biel/Bienne: Schweizerischer Wissenschafts- und Universitätsverlag, 2005, S. 431ff.

[8] Insoweit kann man auch nicht aus der Geschichte lernen wollen, um "klug (für ein andermal)" zu werden, sondern muss die Geschichte kennen, um "weise (für immer)" zu werden; vgl. zu diesem *dictum Jacob Burckhardts* die Gegenüberstellung mit *Friedrich Nietzsche* bei *Karl Löwith*: Jacob Burckhardt – Der Mensch inmitten der Geschichte, Luzern: Vita Nova, 1936, S. 53.

Völker"[9], auch wenn ähnliche Ahnungen bereits in der Antike belegt sind. Darin kommt deutlich das Bewusstsein zum tragen, dass die Menschen die soziale und politische Wirklichkeit nach ihrem Willen gestalten können und also die Geschichte zu beeinflussen vermögen; darin liegt aber auch und vor allem die Verabschiedung der Vorstellung eines im vorneherein feststehenden Laufs der Dinge. Mit gutem Recht kann man die Entdeckung dieser neuen Freiheit von der Geschichtsmacht als axiomatischen Umbruch in den Grundlagen der Geisteswissenschaften bezeichnen, gleichbedeutend mit der Cartesianischen Wende für die Naturwissenschaften.[10]

Auf der anderen Seite wissen wir nur zu gut, dass die geschichtlich gewordene soziale und politische Wirklichkeit ein zäher Widerstand abgibt, den zu überwinden gar unmöglich erscheinen kann; oftmals wird unser dynamischer Veränderungswille durch die Übermacht der Tradition gebrochen. Freiheit und Gebundenheit unserer Entscheidungen ergeben zusammen die eigentümliche Kontingenz allen gemeinschaftlichen Handelns. Dass das Zusammentreffen schöpferischen Seite des Menschen, der Geschichte macht mit dem Angewiesen-Sein auf Reflexion und dem Verwiesen-Sein auf Bestehendes kein Widerspruch ist, sondern eine Chance bedeutet, sollen die nachfolgenden Ausführungen veranschaulichen.

Ausgangspunkt hierbei ist die Allgegenwärtigkeit des Geschichtlichen in Gestalt von Zeugen der Vergangenheit. Im Bereich der politischen Urteilskraft in republikanischem Verständnis haben Anschauung und unmittelbares Erleben die Namen der Geschichte und der Tradition. Einer Beschäftigung mit der Ge-

---

[9] *Giovanni Battista Vico*: Principi di una scienza nuova d'intorno alla commune natura delle nazioni, übersetzt von Vittorio Hösle und Christoph Jermann (Philosophische Bibliothek, Bd. 418), Hamburg: Felix Meiner, 1990 (3. Auflage 1744), insbes. das sog. Vico-Axiom, das zudem die Brücke schlägt zwischen der vom Menschen geschaffener geschichtlicher Welt und dem Vorrang der Geisteswissenschaft, Bd. 1, S. 142 und 154f.: "Doch in solche dichter Nacht voller Finsternis, mit der die erst von uns so weit entfernte Urzeit bedeckt ist, erscheint dieses ewige Licht, das nicht untergeht, folgender Wahrheit, die auf keine Weise in Zweifel gezogen werden kann: dass diese politische Welt sicherlich von den Menschen gemacht worden ist; deswegen können (denn sie müssen) ihre Prinzipien innerhalb der Modifikationen unseres eigenen menschlichen Geistes gefunden werden". – Vgl. dazu die Einleitung von *Vittorio Hösle* daselbst, insbesondere Ziff. 2.8.ff., S. CXXXVff.; und weiterführend *Michael Gans*: Das Subjekt der Geschichte – Studien zu Vico, Hegel und Foucault (Studien und Materialien zur Geschichte der Philosophie, Bd. 16), Hildesheim/ Zürich/ New York: Georg Olms, 1993, S. 44ff.; sowie *Peter Burke*: Vico – Philosoph, Historiker, Denker einer neuen Wissenschaft, Frankfurt am Main: Fischer Taschenbuch, 1990 (Oxford: Oxford University Press, 1985).

[10] Siehe *Ferdinand Fellmann*: Das Vico-Axiom – Der Mensch macht die Geschichte, Freiburg im Breisgau/ München 1976; und zu den Grundlagen der Cartesianischen Wende *René Descartes*: Philosophische Schriften, Hamburg: Felix Meiner, 1996.

schichtlichkeit des Seienden kann niemand entgehen, schon weil der Mensch eingebunden ist in Traditionen und weil er darauf verworfen ist, die ihn umgebende Welt zu interpretieren. Die Mahnung von JORGE RUIZ DE SANTAYANA jedenfalls ist ernstzunehmen: "Diejenigen, die die Erforschung der Vergangenheit versäumen, sind dazu verurteilt, sie zu wiederholen". In der Theorie der Geisteswissenschaften gibt es eine beachtliche Richtung, die Geschichte als Essenz des geistigen Lebens der Menschen versteht; das Programm hierfür hat WILHELM DILTHEY verfasst in seinem Versuch, den "Aufbau der geschichtlichen Welt in den Geisteswissenschaften" näher zu charakterisieren.[11] Im Ergebnis besingt Verstehen Erleben, demokratietheoretisch gewendet also Partizipation. Das Verhältnis der Geschichte zum Politischen hat GÜNTER FIGAL im Rückgriff auf die griechische Antike so auf den Punkt gebracht:

„Athen, so will Perikles sagen, hat Geschichte gemacht, und diese Geschichte wird präsent sein, solange die Polis besteht. Politisches Handeln ist geschichtlich, weil es auf seine fortwährende Präsenz in der Öffentlichkeit hin vollzogen wird. Und diese Öffentlichkeit selbst wiederum lässt sich nur fassen, indem man sie, Geschichte erzählend, zur Sprache bringt. Der politische Erscheinungsraum ist der Präsenzraum für die in ihm vollzogene und bewahrte Geschichte. Geschichte als Ereignis und Erzählung gehört in diesen Präsenzraum, und der Präsenzraum erhält durch sie seine bestimmte Gestalt – er ist wirklich durch das, was in ihm präsentiert wird. Das Wesen des Politischen liegt in der Freiheit zur Geschichte, die in der Geschichte als Ereignis und Erzählung wahrgenommen wird. [...] Der Zusammenhalt einer politischen Gemeinschaft besteht nur, wo es gelingt, Geschichte so zu erzählen, dass sich für das Handeln ein sinnhafter Zusammenhang bildet, welcher nichts anderes als der geschichtlich bestimmte Freiraum dieses Handelns ist. "[12]

Wie diese ideale Sicht des Verhältnisses zwischen Geschichte, Öffentlichkeit und demokratischer Politik unter den Umständen heutiger Zivilisation und Gesellschaft zu verwirklichen ist, dieser Frage könnte lange nachgegangen werden.

---

[11] Vgl. *Otto Friedrich Bollnow*: Dilthey – Eine Einführung in seine Philosophie, Schaffhausen: Novalis, 4. Auflage 1980 (1. Auflage Leipzig: B. G. Teubner, 1936), S. 159ff.

[12] *Günter Figal*: Öffentliche Freiheit: Der Streit von Macht und Gewalt – Der Begriff des Politischen bei Hannah Arendt, in: Politisches Denken – Jahrbuch 1994, hrsg. von Volker Gerhardt u.a., Stuttgart/ Weimar: J. B. Metzler, 1994, S. 128f.

Mir liegt jedoch näher, das Verhältnis des Menschen zu seiner Geschichte, die er ja machen soll und der er zugleich in gewissem Sinn doch unterworfen ist, näher zu kennzeichnen. Dabei lehne ich mich an JOSÉ ORTEGA Y GASSET an, der die zunächst befremdende Auffassung geäussert hat, es sei nicht so, dass der Mensch eine Geschichte hätte, er sei vielmehr Geschichte selbst.[13] Die klärende Überlegung, die Vernunft, bestehe in einer Erzählung (erzählende oder narrative Vernünftigkeit) und nur durch die historische Vernunft werde das Leben einigermassen einsichtig; der Mensch ist nicht, er wird, d.h. so viel wie: er lebt, so fasst Ortega die Quintessenz seiner Überlegungen zusammen. So verstanden entbehrt Geschichte jeder Traditionsmacht, bedeutet sie nicht Bindung der zu treffenden Entscheidung, sondern ermöglicht sie als gegenwärtige zuallererst ebendiese Entscheidung.

"So lebt also in unserer gegenwärtigen politischen Haltung, in unserem politischen Sinn die ganze uns bekannte Vergangenheit des Menschen weiter. Diese Vergangenheit ist Vergangenheit, nicht weil es andern so erging, sondern weil sie ein Teil unserer Gegenwart ist, dessen, was wir sind in der Form des Gewesenseins, kurz, weil es unsere Vergangenheit ist. Das Leben als Wirklichkeit ist absolute Gegenwart. Man kann nicht sagen, es gibt etwas, wenn es nicht gegenwärtig, aktuell ist. Wenn es also Vergangenheit gibt, so muss es sie als gegenwärtig und jetzt in uns wirkend geben. [...] Kurz: der Mensch hat nicht Natur, sondern er hat ... Geschichte. Oder, was dasselbe ist: was die Natur für die Dinge ist, ist die Geschichte – als res gestae – für den Menschen".[14]

Leichter verständlich hat der Philosoph KARL JASPERS die Gegenwärtigkeit der Geschichte in Zusammenhang mit der Geschichtlichkeit des Menschen gefasst in einem Radiovortrag von 1953, der neunten Folge seiner bekannten Sendereihe "Einführung in die Philosophie":

---

[13] Vgl. die Verknüpfung der zeitlichen mit der geschichtlichen Dimension des Seins bei *Martin Heidegger: Sein und Zeit,* Tübingen: Max Niemeyer, 16. Auflage 1986; vgl. *Rudolf Brandner:* Heideggers Begriff der Geschichte und das neuzeitliche Geschichtsdenken, Wien: Passagen-Verlag, 1994. – Pointiert hat diese Reduktion gefasst *Salman Rushdie:* Des Mauren letzter Seufzer, München: Kindler, 1996, S. 151: "Letztlich sind es Geschichten, die von uns bleiben, und wir sind nicht mehr als die paar Erzählungen, welche die Zeit überdauern".

[14] *José Ortega y Gasset:* Geschichte als System, Stuttgart: Deutsche Verlags-Anstalt, 2., neu übersetzte Auflage 1952 (Historia como Sistema, Madrid: Revista de Occidente, 1942), S. 65f. und S. 71.

„Keine Realität ist wesentlicher für unsere Selbstvergewisserung als die Geschichte. Sie zeigt uns den weitesten Horizont der Menschheit, bringt uns die unser Leben begründenden Gehalte der Überlieferung, zeigt uns die Massstäbe für das Gegenwärtige, befreit uns aus der bewusstlosen Gebundenheit an das eigene Zeitalter, lehrt uns Menschen in seinen höchsten Möglichkeiten und in seinen unvergänglichen Schöpfungen sehen. [...] Was wir gegenwärtig erfahren, verstehen wir besser im Spiegel der Geschichte. Was die Geschichte überliefert, wird uns lebendig aus unserem eigenen Zeitalter. Unser Leben geht voran in der wechselseitigen Erhellung von Vergangenheit und Gegenwart. Nur in der Nähe, bei leibhaftiger Anschauung, bei Zuwendung zum einzelnen geht uns die Geschichte wirklich an. Philosophierend ergehen wir uns in einigen abstrakt bleibenden Erörterungen.“[15]

Ein Durchdringen des gegenwärtigen Kontexts des (politischen) Handelns erscheint denn als unabdingbare Voraussetzung für eine sinnvolle Gestaltung der Zukunft. Die gegenwärtig verstandene Geschichte also führt letztlich zu einer Erweiterung unseres Horizonts: sie ist Anleitung zu einem Denken in Alternativen zur heutigen Situation und hat so eine unverzichtbare heuristische Funktion.

III. Geschichte in Geschichten – Die narrative Textur der Geschichte und die Poesie des Wissens

Einleitend habe ich argumentiert, geschichtliche Überlieferung werde vor allem in Geschichten mitgeteilt und weitergegeben, was zur interessanten Feststellung führe, dass vielleicht die Geschichte selbst, sicher aber deren wissenschaftliche Darstellung, von einer narrativen Struktur, d.i. von der Erzählform, nachhaltig geprägt wird. Die Geschichtsschreibung vermag letztlich nur Begriffsbildungen (Typisierungen), Aussagen über politische, soziale und wirtschaftliche Zustände und Entwicklungen sowie Epocheneinteilungen und -charakterisierungen vorzuschlagen und diese durch repräsentative Geschichten zu belegen, welchen aber immer nur exemplarische Funktion zukommen kann. Immerhin leistet sie so eine wissenschaftliche Bearbeitung der Überlieferung der historischen Vernunft mit der in dieser enthaltenen praktisch-politischen Erfahrung. Geschichtsschreibung ist so eigentlich nur ein Subsitut für Zeugenschaft, die durch diese Reprä-

---

[15] *Karl Jaspers*: Einführung in die Philosophie, München: R. Piper, 1953, S. 94; vgl. auch dens.: Vom Ursprung und Ziel der Geschichte, München: R. Piper, 1949, insbes. S. 287ff.

sentation Erfahrung für die Gegenwart aufhebt; auf diesem Weg vermag denn
die Geschichte handlungsanleitend zu werden. In der Theorie der Geschichtsschreibung (Historik) wie der Geschichtsphilosophie begegnen uns Aussagen,
die entweder der Geschichte selbst eine narrative Textur erkennen, oder zumindest ihre Überlieferung und ihre wissenschaftliche Bearbeitung als Erzählstrukturen unterworfen behaupten.[16] Ich erachte die Erzählung nicht bloss eine histo-
riographische Technik, sondern für die Geschichtsschreibung überhaupt konsti-
tutiv und zudem bezeichnend für den modernen historischen Diskurs. Ob man
die narrative Textur in die Geschichte selbst hineinverlegt oder ob man nur die
narrative Struktur jeder Darstellung von Geschichte anerkennt, scheint mir un-
bedeutend, erkennt man in der Geschichte nicht ein Erkenntnisobjekt sondern
bereits eine Verstehensleistung; Hauptsache ist, dass man die verflossene Lebenswirklichkeit unterscheidet von den Konstrukten historischer Vernunft. Es
gilt das Bewusstsein zu entwickeln, dass es eine unverfängliche, neutrale oder
gar "objektive" Mitteilung historischer "Fakten" nicht gibt, dass Narrativität
immer eine mystifizierende Form der Repräsentation vergangener sozialer und
politischer Wirklichkeiten darstellt. Nichts zeigt eine sprachphilosophische Analyse der Geschichte besser, als dass Geschichtsschreibung eben um einen Quan-
tensprung mehr ist als die Aggregation der Leistungen ihrer "exakten" Hilfs-
wissenschaften. Die Unvermeidlichkeit narrativer Formen der Geschichte liegt
eigentlich schon in der sequentiellen Struktur der Sprache, bzw. der Schrift und
des Werks, bzw. des Buchs begründet; eine narrative Ordnung wird schon allein
dadurch hergestellt, dass die Träger der geschichtlichen Überlieferung Anfang
und Ende haben und sich dazwischen ein vorgeschriebener Ablauf der Rede ohne Verzweigungen einfügt.

Im Grunde genommen sind die Möglichkeiten von Geschichtsschreibung bereits
in der Antike idealtypisch aufgerissen in den Geschichtswerken von HERODOT,
THUKYDIDES und POLYBIUS. Die eingehende theoretische Beschäftigung mit der
Narrativität der Geschichte jedoch wurde in den 60er Jahren von ARTHUR C.
DANTO [17] zusammen mit W. B. GALLIE initiiert und fortgesetzt durch die (ge-
schichts-)philosophischen Werke von HAYDEN WHITE und PAUL RICOEUR:

In seinem 1971 erschienenen geschichtsphilosophischen Buch "Metahistory"
legte WHITE eine Untersuchung zur Tiefenstruktur der historischen Einbildungskraft vor, die einzigartig ist, weil sie die Geschichtsschreibung des ganzen

---

[16] Vgl. *Alex Callinicos*: Theories and Narratives – Reflections on the Philosophy of History, Cambridge: Polity Press, 1995.
[17] *Arthur C. Danto*: Analytical Philosophy of History, Cambridge: Cambridge University Press,
1965.

19. Jahrhunderts in Funktion auf die Debatte um die Erzählstruktur der Geschichte beurteilt.[18] In einzelnen essayistischen Beiträge hat White in der Folge Aspekte dieser Untersuchung vertieft und dabei besonders die Bedeutung der Erzählform (Narration) für die Geschichtsschreibung thematisiert: zentral hebt er die Unterscheidung zwischen Ereignisablauf und Geschichtenerzählen (*plot, story*) hervor und deutet das Geschichte Schreiben des Historikers als komplexen Repräsentationsprozess (*prefigurative act*). Die Historiker können sich dabei der vier Tropen figurativer Sprache bedienen: Metapher, Metonymie, Synekdoche und Ironie.[19] Insbesondere das Historisch-Erhabene, das rational nicht Überblickbare und dennoch Darstelleungsbedürftige, erfordert eine ästhetische Beurteilung. Eines der wichtigsten Ergebnisse der grossangelegten Untersuchung ist, dass Geschichtsschreibung immer ideologisch belastet ist, sein muss; es bestehe im Ergebnis kein wesentlicher Unterschied zwischen Geschichtsschreibung und spekulativer Geschichtsphilosophie. Diese unvermeidbar ideologische Komponente jeder Geschichtsschreibung resultiere, weist White überzeugend nach, aus der Beziehung zwischen narrativem Diskurs und Darstellung von Geschichte:

> *„Problematisch wird diese Beziehung für die Geschichtstheorie mit der Erkenntnis, dass die Erzählung nicht nur eine neutrale diskursive Form ist, die bei der Darstellung realer Ereignisse im Sinne von Entwicklungsprozessen angewandt oder auch nicht angewandt werden kann, sondern vielmehr ontologische und epistemologische Wahlmöglichkeiten mit eindeutig ideologischen und sogar spezifisch politischen Implikationen nach sich zieht.“*[20]

1983 hat der französische Philosophe PAUL RICOEUR den Grundstein zu einer philosophischen Poetik gelegt und dabei besonders die Entfaltung des Potentials von Metaphern auf der Ebene des Diskurses betont.[21] Dabei bleibt die Leistung der Metapher nicht auf die Sprache beschränkt, sondern weist entscheidend über diese hinaus. Aufgrund einer eigentümlichen metaphorischen Referenz, die zur

---

[18] *Hayden White*: Metahistory – Die historische Einbildungskraft im 19. Jahrhundert in Europa, Frankfurt am Main: S. Fischer, 1991 (Baltimore/ London: John Hopkins University Press, 1971).

[19] *Hayden White*: Die Bedeutung der Form – Erzählstrukturen in der Geschichtsschreibung, Frankfurt am Main: Fischer Taschenbuch, 1990 (Baltimore/ London: John Hopkins University Press, 1987, S. 50ff.

[20] *White*: Die Bedeutung der Form, S. 7; vgl. v.a. auch das Kapitel "Die Politik der historischen Interpretation – Disziplin und Entsublimierung", S. 78ff.

[21] *Paul Ricoeur*: Temps et récit (Bd. 1: Temps et récit; Bd. 2: La configuration du temps dans le récit de fiction; Bd. 3: Le temps raconté), Paris 1983-1985 (Zeit und Erzählung, München 1988-1991).

wörtlichen hinzukommt, erschliesst nämlich die Metapher neue Aspekte der Wirklichkeit. Ricoeur hebt zwar die Differenz zwischen philosophischem und metaphorischem Sprechen hervor, doch behauptet er auch, dass die Philosophie ihre Möglichkeit recht eigentlich der Metapher verdanke. Ricoeur postuliert im Ergebnis eine besondere Form menschlicher Zeit und stellt die These auf,

> *„dass die Zeit ebenso erst durch die Erzählung zur menschlichen wird, wie die Erzählung erst durch die Zeit ihre Bedeutung erhält".*

Dass die menschliche Erfahrung des Zeitlichen und somit auch des Geschichtlichen entscheidend von einem linearen, physikalistischen Zeitbegriff abweicht, hatte Anfangs des Jahrhunderts bereits HENRI BERGSON erkannt [22] so wie auch DILTHEY und ORTEGA für ihr Geschichtsverständnis je eigene Zeiterfahrungen angenommen haben. Die Lebensgeschichte einer Person, wie auch die Abfolge der in einem Geschichtswerk erzählten Geschichten verlassen beide die chronologische Folge der Ereignisse, um diese ursprüngliche Sequenz einer eigenen Logik der menschlichen Erfahrung zu unterstellen. Damit ist die narrative Textur der Geschichte aber gefestigt, auch wenn Ricoeur betont, der ultimativ narrative Charakter von Geschichte dürfe keinesfalls verwechselt werden mit einer Stellungnahme für erzählende Geschichtsschreibung, vielmehr sei Narration nur der bedeutendste Umgang des Menschen mit der Erfahrung seiner Zeitlichkeit.

In seiner sorgfältigen und systematischen Untersuchung der historischen Repräsentation hat FRANKLIN RUDOLPH ANKERSMIT sechs Thesen zu einer narrativen Geschichtstheorie aufgestellt, die an dieser Stelle quasi als Ergebnis der bisherigen Erörterungen Erwähnung finden sollen:[23]

- geschichtliche Erzählungen sind Interpretationen der Vergangenheit;

- erzählende Geschichtsschreibung nimmt die Vergangenheit so hin, wie sie ist;

- erzählende Geschichtsschreibung ist die moderne Form des Historismus, die beide anerkennen, dass es hauptsächlich Aufgabe des Historikers ist, zu interpretieren;

---

[22] *Henri Bergson*: L'évolution créatrice, Paris 1907 (Die schöpferische Entwicklung, Jena, 6. Auflage 1921).

[23] *Franklin Rudolph Ankersmit*: History and Tropology – The Rise and Fall of Metaphor, Berkeley/ Los Angeles/ London: University of California Press, 1994, S. 33ff.

- die narrative Sprache unterscheidet sich von der Objektsprache;

- Aussagen einer geschichtlichen Erzählung haben immer eine doppelte Funktion: sie beschreiben die Vergangenheit und bezeichnen zugleich eine bestimmte narrative Interpretation dieser Vergangenheit; und

- die Wurzeln der Geschichtlichkeit reichen tiefer, als dies von der modernen Geschichtsschreibung oder der zeitgenössischen (Geschichts-) Philosophie zugestanden wird.

Diese Thesen führen in der Zusammenschau deutlich vor Augen, dass die sprachliche, nämlich erzählende Form der Geschichtsschreibung mit der Geschichte selber zusammenfallen muss, gerade damit man in der Lage ist, davon zu unterscheiden, wie es wirklich gewesen ist (LEOPOLD VON RANKE). Die fünfte These bezeichnet die Unvermeidlichkeit der Ideologie als Bestandteil jeder historischen Darstellung damit, dass jede Aussage über die Geschichte zugleich auch eine bestimmte Interpretation des historischen Faktums nahelegen will, ja sogar: es tun muss. Die letzte These schliesslich kommt einem Bekenntnis zur Hintergründigkeit der geschichtlichen Kultur des Menschen gleich und verknüpft so die anthropologische und hermeneutische Dimension des Humanismus.

Dass das Historisch-Erhabene, das Unfassliche der Geschichte nur ästhetisch beurteilt werden könne, erschien oben als Folge der narrativen Struktur der Geschichtsschreibung. Der materialistische Geschichtsphilosoph und Historiker BENEDETTO CROCE ist diesbetreffend noch weiter gegangen und hat eine ästhetische Textur der Geschichte überhaupt begründet und die "Geschichte auf den allgemeinen Begriff der Kunst" bringen wollen.[24] Historische Kritik ist in letzter Konsequenz denn nicht mehr Philosophie, sondern Geschichte; eine Geisteswissenschaft zu pflegen bedeutet deshalb, Philosophie-Geschichte, d.h. Philosophie als Geschichte und Geschichte als Philosophie zu betreiben.[25]

Eine umfassende Poesie des Wissens hat JACQUES RANCIÈRE inszeniert und aus der narrativen Struktur der Geschichte geschlossen auf die ästhetische Form jedes (geschichtlichen) Wissens. Aufgabe des Historikers sei es, in seiner Rede drei Verträge zu artikulieren, einen wissenschaftlichen, einen narrativen und einen politischen.

---

[24] *Benedetto Croce*: Die Geschichte auf den allgemeinen Begriff der Kunst gebracht, Hamburg: Felix Meiner, 1984.
[25] Vgl. *Benedetto Croce*: La storia come pensiero e come azione (1937), Bari 1954.

„Es handelt sich nicht um eine rhetorische Wendung, sondern um eine Poetik des Wissens – für den historischen Satz um die Erfindung einer neuen Wahrheitssphäre, hervorgebracht durch die Kombination der Objektivität der Erzählung mit der Gewissheit der Rede."[26]

Damit eröffnet sich aber ein Spannungsfeld zwischen in der repräsentierenden Erzählung erzählter Geschichte und in der Objektsprache bezeichneter Wirklichkeit; jede realistische oder ideologiefreie Geschichtsschreibung scheint illusorisch. Rancière fordert deshalb eine Konkordanz leistende Theorie:

„Fraglos verlangt die Verwirrung der Papierberge der Armen, jene Verwirrung, die die verlorene Zeit verdeckt und die Historie ausserhalb der Wahrheit stellt, zu ihrer Beruhigung eine determinierte Theorie der Beziehungen zwischen der Ordnung der Rede und der Ordnung der Körper, eine determinierte Theorie des sprechenden Subjekts, der Beziehungen zwischen dem Subjekt, dem Wissen, dem Wort und dem Tod. Kurz, sie setzt eine bestimmte Idee des Unbewussten und eine bestimmte Praxis der Psychoanalyse voraus."[27]

Läuft die narrative Struktur der Geschichtsschreibung in der Regel eher auf eine verdunkelnde, weil symbolbeladene Sprache zur Kommunikation historischer Erfahrung hinaus, ortet ALEX CALLINICOS in der Psychoanalyse eine kompensatorische aufklärerische Funktion des narrativen Potentials.[28] Fasst man den persönlichen Lebenslauf als Erzählungszusammenhang auf, wie dies etwa ALASDAIR MACINTYRE tut,[29] so gelangt man zu einer anthropolgischen Narrativität als Forderung. In dieser Perspektive wird die Erzählung des individuellen Lebensschicksals zum Ausgangspunkt einer intrinsischen Geschichte; und als Kriterium der Authentizität wäre denn eine kohärente Autobiographie zu fordern.

---

[26] *Jacques Rancière*: Die Namen der Geschichte – Versuch einer Poetik des Wissens (Les noms de l'histoire – Essai de poétique du savoir), Frankfurt am Main: S. Fischer, 1994 (Paris: Éditions du Seuil, 1992), S. 27.

[27] *Rancière*, Die Namen der Geschichte, S. 93.

[28] *Alex Callinicos*: Theories and Narratives – Reflections on the Philosophy of History, Cambridge: Polity Press, 1995, S. 55.

[29] *Alasdair MacIntyre*: After Virtue, London 1981.

Zusammenfassend ist feststellen, dass die Überlieferung in einer Gesellschaft, die sich immer weiter vom Geschichten-Erzählen entfernt, leicht zu einer prekären Situation des historisch-praktischen Wissens führen kann. Dies umsomehr als zunehmend keine primär orale und narrative Tradition gepflegt wird und alles auf Information (Wissensfakten) allein gesetzt wird, ohne dass diese Elemente in einer Geschichte in Beziehung zueinander gesetzt werden und so erst ihre kontextgebundene spezifische Bedeutung erfahren. Das festgestellte Angewiesen-Sein einer republikanischen Gemeinschaft auf Geschichten kann aber auch eine Chance bedeuten, da geschichtliches Verstehen wandelbar erfahren wird und so immer wieder neue Perspektiven des kollektiven Handelns eröffnet. So erhält das Wort, dass jede Generation die Geschichte für sich neu schreiben müsse, unerwartet eine neue, aufregende Bedeutung: erst damit wird die Geschichte nämlich zu ihrer Geschichte, wird das historische Bewusstsein von ihr erobert, weitergeführt und so auch wieder weitergegeben.

IV. Exkurs: Perspektiven der Geschichtsschreibung am Beispiel der Französischen Revolution

Nach oben gesagtem ordnen Historiker geschichtliche Ereignisse thematisch, um nicht zu sagen idologisch, ein in narrative Konstrukte und damit zu systematischer Bedeutung für uns, die wir örtlich und zeitlich subjektiv verstehen. Dass Geschichte ordentlich zu verlaufen scheint, ist also nur ein Trugbild; vielmehr wird die Ordnung recht eigentlich erst im Akt des Geschichten-Schreibens hergestellt. Zwar kann Gleichläufigkeit vieler Schicksale einen möglichen Ansatz für eine Sozialgeschichte ergeben: es gilt dann, exemplarische Daten als für eine bestimmte Entwicklung repräsentativ herauszuheben. In Frage kommen als Symbole beispielhafte Daten und besondere "Ereignisse" als Katalysatoren von individuellen Lebensplänen, die so durch ein uniformes Schicksal geprägt werden. Im Gegensatz zu dieser sich ereignenden, geschehende Geschichte ohne intentionales Dazutun des Menschen kann man sich fragen, ob es nicht vor dem Einbruch der Neuzeit bereits zum Zeitpunkt des Ereignisses bedeutungsvolle geschichtliche Akte gegeben habe; in der Tat wäre diesfalls nicht so sehr eine erzählende Geschichtsschreibung zu deren Aufzeichnung erforderlich, sondern eben schlichte Annalen oder eine Chronik der Begebenheiten. Die geschichtsträchtigen Ereignisse wäre damals von den Herrschern quasi inszeniert worden (ich denke dabei v.a. an die Militärgeschichte, an geplante sogenannte Treffen und an Entscheidungsschlachten, deren Zeitpunkt und Ort lange zum voraus abgesprochen waren); Geschichte wäre von den Mächtigen planvoll gemacht worden (Machtpolitik der Herrscherhäuser), während die Masse ebendieser intentionalen Geschichte unterworfen gewesen wäre.[30]

Jedenfalls können nur subjektiv bedeutungsvolle Akte durch Katalyse zu objektiven geschichtlichem Sinn erwachsen. Dass man bedeutungsschwangere Ereignisse eben so gut auf der subjektiven, lebensperspektivischen wie auch auf einer objektivierenden, ideologischen Ebene darstellen kann, möchte ich im folgenden am Beispiel der Französischen Revolution, genauer: am Ereignis des Sturms der Bastille am 14. Juli 1789 vor Augen führen. Dies zunächst in der Perspektive des marxistischen französischen Historikers ALBERT SOBOUL, der in ideologischer Absicht kollektive Geschichtsphilosophie betreibt; in seinem Text erscheint die Bastille als regelrechte Verkörperung (Transfiguration) der Alten Ordnung:

> *„Das Eingreifen des Pariser Volks rettete die ohnmächtige [National-]Versammlung. Am Nachmittag des 12. Juli wurde die Neuigkeit von der Entlassung Neckers in Paris bekannt; sie schlug ein wie eine Bombe. Das Volk ahnte, dass dies nur ein erster Schritt auf dem Weg der Reaktion war. Auf die Rentiers und Finanziers wirkte der Weggang Neckers wie die Drohung mit einem bevorstehenden Bankrott: die Wechselmakler kamen sofort zusammen und beschlossen, die Börse als Zeichen des Protests zu schliessen. [ ] Während das Königtum ausserordentlich geschwächt aus diesen Julitagen 1789 hervorging, erschien die Pariser Bourgeoisie als die grosse Siegerin: es war ihr gelungen, ihre Herrschaft in der Hauptstadt zu errichten und ihre Souveränität vom König selbst anerkennen zu lassen. Die Bedeutung des 14. Juli wurde über den realen Sieg der Bourgeosie hinaus zum Symbol der Freiheit. Dieser Tag bestätigte die Übernahme der Macht durch eine neue Klasse; er bedeutete aber auch den Zusammenbruch des Ancien Régime, wie die Bastille es verkörperte: in dieser Be-*

---

[30] Vielleicht ist aber in der Sache auch der Wandel entscheidender, den die "Masse" erfahren hat im Durchgang von der Gesellschaft des 19. Jahrhunderts zur Nachkriegsgesellschaft; vgl. dazu *José Ortega y Gasset*: Der Aufstand der Massen, Berlin/ Darmstadt/ Wien: Deutsche Buch-Gemeinschaft, wesentlich erweiterte und aus dem Nachlass ergänzte Neuausgabe1960 (La rebelión de las masas, Madrid: Revista de Occidente, 1930).

deutung liess er bei allen unterdrückten Völkern grosse Hoffnungen aufkommen.[31]

Auf der symbolischen Ebene, in figurativer Rede wird das Volk Subjekt von Eingriffen und Ahnungen und die Bourgeosie kann siegen; selbst zuvor zugelegte Bedeutungen können auf einer Meta-Ebene symbolisch noch einmal überhöht werden: so wird die Bedeutung des 14. Juli ein Symbol der Freiheit. Kennzeichen des von Soboul gepflegten Stils der Geschichtsschreibung ist die Verkörperung: er spricht von realen Gegenständen und meint das metaphorisch bezeichnete. Radikal anders liest sich der entsprechende Bericht von M. ADOLPHE THIERS, der dasselbe Ereignis als persönliche Erlebnisgeschichte in Absicht auf Authentizität darstellt. Das Volk kann sich zwar vor der Bastille versammeln, Handlungssubjekte sind und bleiben aber einzelne Personen:

„Sur ces entrefaits, un billet adressé par le baron de Besenval à Delaunay, commandant de la Bastille, est intercepté et lu à l'Hôtel-de-Ville. Besenval engageait Delaunay à résister, lui assurant qu'il serait bientôt secouru. C'était en effet dans la soirée de ce jour que devaient s'exécuter les projets de la cour. Cependant Delaunay, n'étant point secouru, voyant l'acharnement du peulpe, se saisit d'une mèche allumée et veut faire suter la place. La garnison s'y oppose, et l'oblige à se rendre: les signaux sont donnés, un pont est baissé. Les assiégeans s'approchent en promettant de ne commettre aucun mal; mais la foule se précipite et envahit les cours. Les Suisses parviennent à se sauver. Les invalides assaillis ne sont arrachés à la fureur du peuple que par le dévouement des gardes-françaises. En ce moment, une fille, belle, jeune et tremblante, se présente: on la suppose fille de Delaunay; on la saisit, et elle allait être brûlée, lorsqu'un brave soldat se précipite, l'arrache aux furieux, court la mettre en sûreté, et retourne à la mêlée.[32]

Wenn hier die schöne Tochter des Kommandanten zur geschichtlichen Figur erhoben wird, wenn von den historischen Akteuren die Rede ist, so führt Thiers

---

[31] *Albert Soboul*: Die Grosse Französische Revolution – Ein Abriss ihrer Geschichte 1789-1799, hrsg. von Joachim Heilmann und Dietfrid Krause-Vilmar, Frankfurt am Main: Athenäum, 5., durchgesehene Auflage 1988 (Précis d'histoire de la révolution française, Paris 1962), S. 112f. und 115.
[32] *M. Adolphe Thiers*: Histoire de la Révolution française, Paris: Furne, 4. Auflage 1836, Bd. 1, S. 97f.

diese exemplarisch vor; intendiert ist auf einer gänzlich anderen Ebene die adäquate Darstellung der weltgeschichtlichen und staatspolitischen Bedeutung des
Sturms der Bastille.

V. Von der Möglichkeit und Notwendigkeit einer Geschichtsphilosophie[33]

Geschichte, wenn sie über die chrologische Darstellung vergangener Begebenheiten hinausgeht (Chronik, Annalen), ist im Grunde ein humanistisches (VICO)
bzw. idealistisches Konzept (FRANÇOIS MARIE VOLTAIRE, IMMANUEL KANT,
JOHANN GOTTFRIED HERDER und natürlich GEORG WILHELM FRIEDRICH HE-
GEL). Eine Philosophie der Geschichte, die in genau dem Moment notwendig
wird, wo Ereignisse nicht mehr planvoll in die Welt gesetzt werden, ist in ho-
hem Mass angewiesen auf eine Logik des Sprachgebrauchs durch Historiker
und Philosophen, welchen wir in der Erzählform der Geschichtsschreibung ana-
lysiert haben. Narrativität, verstanden als Methode, bürgt jedoch nicht für die
Richtigkeit der Kritik der historischen Vernunft, sondern ermöglicht sie wahrscheinlich nur, weil sie der genuin narrativen Struktur der Geschichte einfach
am adäquatesten ist. Letzter Massstab für die Güte der Geschichtsschreibung
kann eigentlich nur deren Erklärungskraft sein, die zu einer entsprechenden
Verstehensleistung führt. Das Verstehen erschöpft sich nun nicht in einer ge-
klärten Sicht auf die Vergangenheit, in einer Reflexion des Herkommens, sondern mobilisiert auch Freiheit, die im politischen Handeln aktiviert wird (republikanische Komponente der hermeneutischen Philosophie). So kann sich eine
Strategie eröffnen, als Liberaler politische Geschichte zu machen, d.h. die historische Vernunft zu kritisieren, und nicht als Marxist jedes politische Projekt in
der Natur des geschichtlichen Prozesses zu erblicken und auch nicht als Konser-
vativer   das   politische   Programm   mit   der   politischen   Wirklichkeit
ineinszusetzen.[34] Damit sind im wesentlichen die Inhalte kursorisch angespro-
chen, die uns im nachfolgenden Abschnitt eingehender beschäftigen sollen.

Die Querele zwischen Theorie der Historiographie als wissenschaftlicher Bewältigung des Stoffs historischer Quellen und der tendenziell ideologischen Geschichtsphilosophie hat eigentlich das ganze 19. Jahrhundert gekennzeichnet
und kommt exemplarisch zum Ausdruck im Vergleich der Historiker JOHANN

---

[33] Als Überblick über den entsprechenden Fachdialog siehe *Herta Nagl-Docekal* (Hrsg.): Der Sinn
des Historischen – Geschichtsphilosophische Debatten, Frankfurt am Main: Fischer Taschenbuch,
1996.
[34] Vgl. *Gertrude Himmelfarb*: Telling It As You Like It, in: Times Literary Supplement vom 16. Oktober 1992, S. 14.

GUSTAV DROYSEN und LEOPOLD VON RANKE.[35] Auf sprachphilosophischer und anthropologischer Sicht sind dieselben Probleme des Mythos und der Verwendung von Namen bearbeitet worden etwa von ERNST CASSIRER [36] und CLAUDE LÉVY-STRAUSS.[37]

Idealistische Geschichtsphilosophie und historische Vernunft zu thematisieren,[38] heisst zuvörderst natürlich, das diesbetreffende philosophische System von GEORG WILHELM FRIEDRICH HEGEL kritisch zu besprechen, wozu der Platz hier fehlt und wozu ich mich nicht berufen fühle. Eher fühle ich mich angezogen von Kritikern der hegelschen idealistischen Philosophie wie beispielsweise den beiden hervorragenden Schriften von ORTEGA und HELLER;[39] jedenfalls darf man Hegel nicht einfach aus der Perspektive seiner Rezeption durch KARL MARX lesen, sondern muss sein Werk vielmehr in die Tradition der politischen Philosophie der Aufklärung stellen.[40] Als Ausgangspunkt ist Hegel dennoch, historisch sowieso und systematisch nach wie vor, unumgänglich:

In seiner Rechts- und Staatsphilosophie definiert Hegel die Verfassung im Besonderen, d.h. diejenige eines bestimmten Staates, als entwickelte und verwirklichte Vernünftigkeit. Im Licht dieser herrschenden Vernunft ist Geschichte nur denkbar als am Weltgeist ausgerichtete Weltgeschichte, nicht aber als spontan

---

[35] *Johann Gustav Droysen*: Historik (1857), Stuttgart: Frommann-Holzboog, 1977; zu Ranke *Thomas Gil*: Kritik der Geschichtsphilosophie – Leopold von Rankes, Jakob Burckhardts und Hans Freyers Problematisierung der klassischen Geschichtsphilosophie (Dissertation Universität Stuttgart 1993); und *Karl H. Metz*: Grundformen historiographischen Denkens – Wissenschaftsgeschichte als Methodologie, dargestellt an Ranke, Treitschke und Lamprecht (Mit einem Anhang über zeitgenössische Geschichtstheorie; Münchener Universitäts-Schriften, Bd. 21), München: Fink, 1979. – Zu Jacob Burckhardt siehe *Karl Löwith*: Jacob Burckhardt – Der Mensch inmitten der Geschichte, Luzern: Vita Nova, 1936.

[36] *Ernst Cassirer*: Der Mythus des Staates – Philosophische Grundlagen politischen Verhaltens, Frankfurt am Main: Fischer Taschenbuch, 1985 (Zürich/ München: Artemis, 1949).

[37] *Claude Lévy-Strauss*: Mythos und Bedeutung – Vorträge (Myth and Meaning), Frankfurt am Main: Suhrkamp, 1980.

[38] Vgl. nur *Walther Hofer*: Der geistige Kampf um den historischen Idealismus, in: Geschichte zwischen Philosophie und Politik – Studien zur Problematik des modernen Geschichtsdenkens (Philosophische Forschungen, hrsg. von Karl Jaspers, N. F. Bd. 6), Basel: Recht und Gesellschaft, 1956, S. 45ff. (Habilitationsvortrag an der Freien Universität Berlin).

[39] Dazu *José Ortega y Gasset*: Hegels Philosophie der Geschichte und die Historiologie (1927); sowie *Hermann Heller*: Hegel und der nationale Machtstaatsgedanke in Deutschland), in: Gesammelte Schriften, hrsg. von Christoph Müller, Tübingen: J. C. B. Mohr, 2. Auflage 1992, Bd. 1, S. 21ff. (Leipzig/ Berlin: B. G. Teubner, 1921).

[40] *Thomas Petersen*: Subjektivität und Politik – Hegels "Grundlinien der Philosophie des Rechts" als Reformulierung des "Contrat Social" Rousseaus (Athenäum Monographien Philosophie, Bd. 265), Frankfurt am Main: Anton Hain, 1992.

bzw. autonom vom Menschen gemachte Geschichte, und gerade nicht als Geschichten;[41] im Grunde genommen gibt es die neu angefangene Handlung in republikanischem Verständnis, d.h. die nicht durch die Vernunft vorausbestimmt wäre, im System Hegels nicht, vielmehr ist alls individuell-konkrete Vernünftigkeit aufgehoben im Weltgeist, d.h. darin synthetisch aufgefangen, absorbiert und perpetuiert.

> *„Die Weltgeschichte ist nicht das blosse Gericht der Macht des allgemeinen Geistes, d.i. die abstrakte und vernunftlose Notwendigkeit eines blinden Schicksals, sondern weil er an und für sich Vernunft, und ihr Fürsichsein im Geiste Wissen ist, ist sie die aus dem Begriffe nur seiner Freiheit notwendige Entwicklung der Momente der Vernunft und damit seines Selbstbewusstseins und seiner Freiheit, – die Auslegung und Verwirklichung des allgemeinen Geistes. [...] Weil die Geschichte die Gestaltung des Geistes in Form des Geschehens, der unmittelbaren natürlichen Wirklichkeit ist, so sind die Stufen der Entwicklung als unmittelbare natürliche Prinzipien vorhanden, und diese, weil sie natürliche sind, sind als eine Vielheit aussereinander, somit ferner so, dass einem Volke eines derselben zukommt, – seine geographische und anthropologische Existenz."[42]*

Idealistische Geschichtsphilosophie in der Nachfolge Hegels kann aber, wie dies R. G. COLLINGWOOD von der Oxford University exemplarisch gezeigt hat, der Geschichte durchaus ihren Platz zukommen lassen. Das Augenmerk muss dabei nur darauf gerichtet werden, wie geschichtliche Erfahrung neu betätigt werden kann (*re-enactment*), wie historisch gebettete Gedanken neu gedacht werden können; dazu ist historische Einbildungskraft (*historical imagination*) erforderlich,[43] die es nun ermöglicht, politische Aktion und praktische Vernunft zusam-

---

[41] Vgl. dazu klassisch *Karl Löwith*: Von Hegel zu Nietzsche – Der revolutionäre Bruch im Denken des neunzehnten Jahrhunderts (1939; Philosophische Bibliothek, Bd. 480), Hamburg: Felix Meiner, 1995, bes. S. 44ff.; und weiterführend *Michael Gans*, Das Subjekt der Geschichte, S. 115ff.

[42] *Georg Wilhelm Friedrich Hegel*: Grundlinien der Philosophie des Rechts (1820), Hamburg: Felix Meiner, 5., neu durchgesehene Auflage 1995, §§ 342 und 346, S. 289f.

[43] *R. G. Collingwood*: Essays in Political Philosophy, hrsg. von David Boucher, Oxford: Clarendon Press, 1989. – Dazu *William H. Dray*: History as Re-enactment – R. G. Collingwood's Idea of History, Oxford: Clarendon Press, 1995, insbesondere S. 32ff. und 191ff.; *Heikki Saari*: Re-enactment – A Study in R. G. Collingwood's Philosophy of History, Åbo 1984; und *Margrit H. Nielsen (Grove)*: Re-enactment and Reconstruction in Collingwood's Philosophy of History, in: History and Theory, Bd. 20 (1981), S. 1ff.

menzubringen in der Vorstellung planvoller politischer Entscheidungen bzw. politischen Handelns. Politik erweist sich denn als Organisation von kollektiven Aktivitäten und Geschichte deshalb letztlich als ideal und perspektivisch. Diese Konzeption des Bezugs des historischen Denkens zum politischen Handeln hat darüberhinaus den Vorteil, dass nicht die Attribute des Staates (dessen Ontologie, etwa das Dogma der Souveränität) in den Vordergrund gestellt sind, sondern das politische Handeln selbst sich für die politische Philosophie zentral erweist (Souveränität als Name für politische Aktion); in dieser Form kann idealistische Geschichtsphilosophie den empirisch feststellbaren politischen Aktivitäten durchaus adäquat sein. Für Collingwood steht die Frage nach dem politischen Gut im Mittelpunkt des Interesses, die er strikt von derjenigen nach moralischen oder ökonomischen Gütern trennt:

> „The political good is to be definable only in terms of political actions, and in a vague and tentative way one may describe political goodness as the goodness of a life which is lived under good laws.
> [...] A good law is a law which is good in the political sense; if it is also good in other senses, so much the better, but that is not essential. Essentially, a good law is one which achieves the political good, not any other good. But if the political good is a life lived under good laws, and good laws are those which achieve the political good, are we not involved in a vicious circle?"[44]

Der vollführte Zirkel ist aber durchaus nicht vitiös, sondern in Analogie zum hermeneutischen Zirkel zu stellen. Alles kommt demnach darauf an, an das Dasein die richtigen Fragen zu stellen; dann erst kann man das zu Interpretierende auch zutreffend verstehen.[45] Diese allgemein festzustellende und in den Zusammenhang mit der Geschichte und Kultur zu stellende Zirkularität einzufangen, hat die philosophische Hermeneutik des 20. Jahrhunderts unternommen. Ähnlich wie ORTEGA hat HANS-GEORG GADAMER die anthropologische Frage

---

[44] R. G. Collingwood: Political Action, in: Essays in Political Philosophy, hrsg. von David Boucher, Oxford: Clarendon Press, 1989 (erstmals in: Proceedings of the Aristotelian Society, Bd. 29 [1928/1929], S. 153ff.), S. 96; vgl. auch die Essays "Politics" (1929) und "Modern Politics", daselbst, S. 110ff. und 177ff.

[45] Hans-Georg Gadamer: Vom Zirkel des Verstehens, in: Festschrift für Martin Heidegger zum 70. Geburtstag, hrsg. von Günther Neske, Pfullingen 1959; John C. Maraldo: Der hermeneutische Zirkel – Untersuchungen zu Schleiermacher, Dilthey und Heidegger, Freiburg im Breisgau/ München 1974; und W. Stegmüller: Der sogenannte Zirkel des Verstehens, in: Natur und Geschichte, hrsg. von K. Hübner und A. Menne, Hamburg 1973, S. 21ff.; allgemein Andreas Mones: Jenseits von Wissenschaft – Die Diakrise des hermeneutischen Zirkels (Abhandlungen zur Philosophie, Psychologie und Pädagogik, Bd. 237), Bonn: Bouvier, 1995.

mit der geschichtsphilosophischen verknüpft und lebensphilosophisch begründet:

> *„In Wahrheit gehört die Geschichte nicht uns, sondern wir gehören ihr. Lange bevor wir uns in der Rückbesinnung selber verstehen, verstehen wir uns auf selbstverständliche Weise in Familie, Gesellschaft, Staat, in denen wir leben."*[46]

Wenn hier romantische Ideale der Gemeinschaft anklingen, dann zeugt solches nur davon, wie eminent wichtig die Romantik für die politische Theorie zu nehmen wäre.[47] Der typisch romantische Historismus, der eine dogmatische Rezeption geschichtlicher Quellen betreibt, hat aber die festgestellte Geschichtsbindung zu einer Übermacht der Geschichte verfestigt; und insbesondere die idealistische Geschichtsphilosophie tendiert dazu, die historische Vernunft so in den Gang der Weltgeschichte einzusetzen, dass jede Position, von wo aus diese Vernunft kritisiert werden könnte unvorstellbar wird. Demgegenüber eröffnet eine Betonung der heuristischen Funktion des geschichtlichen Denkens die Möglichkeit einer Kritik der historischen Vernunft, was dem Projekt DILTHEYS entspricht.[48] Letztlich geht es darum, zu verstehen, was es bedeutet, wenn Dilthey sagte, dass das geschichtliche Bewusstsein, zu Ende gedacht, die Wunden heile, die es selber geschlagen habe.[49]

---

[46] *Hans-Georg Gadamer*: Wahrheit und Methode, Tübingen: J. C. B. Mohr, 4. Auflage 1974, S. 261.

[47] Vgl. die ideengeschichtlichen Beiträge dazu bei *Isaiah Berlin*: Four Essays on Liberty, Oxford: Oxford University Press, 1969; Against the Current – Essays in the History of Ideas, hrsg. von Henry Hardy, Oxford: Clarendon Press, 1981 (Wider das Geläufige – Aufsätze zur Ideengeschichte, Frankfurt am Main: Fischer Taschenbuch, 1994); The Crooked Timber of Humanity – Chapters in the History of Ideas, hrsg. von Henry Hardy, London: John Murray, 1990 (Das krumme Holz der Humanität – Kapitel der Ideengeschichte, Frankfurt am Main: S. Fischer, 1992); und: Der Magus in Norden – J. G. Hamann und der Ursprung des modernen Irrationalismus, hrsg. von Henry Hardy, Berlin: Berlin Verlag, 1995 (The Magus of the North, London: John Murray, 1993).

[48] Zur Differenz zwischen der Geschichtsphilosophie Hegels und der Lebensphilosophie des geschichtlichen Bewusstseins bei Dilthey siehe *Arne Homann*: Diltheys Bruch mit der Metaphysik – Die Aufhebung der Hegelschen Philosophie im geschichtlichen Bewusstsein (Symposion, Bd. 102), Freiburg im Brisgau/ München: Karl Alber, 1995.

[49] *Wilhelm Dilthey*: Gesammelte Schriften, Stuttgart/ Göttingen: B. G. Teubner und Vandenhoeck & Ruprecht, verschiedene Auflagen 1959ff., Bd. 6, S. 303 und Bd. 8, S. 10. – Vgl. *Otto Friedrich Bollnow*: Dilthey – Eine Einführung in seine Philosophie, Schaffhausen: Novalis, 4. Auflage 1980, S. 142 unter Bezugnahme auf *Helmuth Plessner*: Macht und menschliche Natur – Ein Versuch zur Anthropologie der geschichtlichen Weltansicht (1931), in: Gesammelte Schriften, hrsg. von G. Dux u.a., Frankfurt am Main 1981, Bd. 5, S. 135ff. (S. 280); und auf *Georg Misch*: Lebensphilosophie und Phänomenologie – Eine Auseinandersetzung der Dilthey'schen Richtung mit Heidegger und Husserl, Darmstadt, 3. Auflage 1967 (Bonn 1930).

ERNST TROELTSCH, FRIEDRICH MEINECKE und ERICH ROTHACKER haben den Historismus in Richtung einer allgemeinen Theorie der Geisteswissenschaften zu überwinden gesucht und dabei wegweisende Aussagen zur Geschichtlichkeit der Kultur, ja des Menschen überhaupt gemacht. Troeltsch sieht sich am Ende des 19. Jahrhundert in eine Krise der Geschichte gestellt:

> „Wenn auf dem Gebiete der Geschichtsforschung von einer wirklichen Krisis nicht die Rede sein kann und eine Zerbrechung unserer Forschung ein geistiger Selbstmord wäre, so ist die Krisis dafür umso stärker in den allgemeinen philosophischen Grundlagen und Elementen des historischen Denkens, in der Auffassung der historischen Werte, von denen aus wir den Zusammenhang der Geschichte zu denken und zu konstruieren haben. [...] Die Krisis liegt also bei den philosophischen Elementen und Bezügen der Historie, bei dem was man ihren Zusammenhang und ihre Bedeutung für die Weltanschauung nennen kann, wobei das Verhältnis durchaus ein gegenseitiges ist: eine Bedeutung der Geschichte für die Weltanschauung und der Weltanschauung für die Geschichte. Sucht man für diese ganze Problemgruppe einen Namen, so wird man sie nur als die Probleme der Geschichtsphilosophie bezeichnen können. [...] So gesehen, bedeutet das Problem allerdings eine Grundfrage unseres heutigen geistigen Lebens, nichts Geringeres als das Problem des sogenannten Historismus überhaupt, d.h. der aus der grundsätzlichen Historisierung unseres Wissens und Denkens sich ergebenden 'Vorteile und Nachteile' für die Bildung eines persönlichen geistigen Lebens und für die Schaffung der neuen politisch-sozialen Lebensverhältnisse."[50]

Troeltsch überwindet diese Krise, indem er auf dem Weg der Narrativität der Geschichtsschreibung wie der Geschichtsauffassung zu einer lebensphilosophischen Sicht der Kultur findet: Die Geschichtslogik bestehe in bestimmten logischen Voraussetzungen, Auslese-, Formungs- und Verknüpfungs-

---

[50] Ernst Troeltsch: Der Historismus und seine Probleme – Das logische Problem der Geschichtsphilosophie, in: Gesammelte Schriften, Bd. 3/I, Tübingen: J. C. B. Mohr (Paul Siebeck), 1922, S. 4, 7 und 9. – Vgl. Friedrich Meinecke: Die Entstehung des Historismus, 2 Bände. München/ Berlin: R. Oldenbourg, 1936; und Erich Rothacker: Einleitung in die Geisteswissenschaften, Tübingen: J. C. B. Mohr (Paul Siebeck), 2., photomechanisch gedruckte, durch ein ausführliches Vorwort ergänzte Auflage 1930; sowie dens.: Logik und Systematik der Geisteswissenschaften (Handbuch der Philosophie), München/ Berlin: R. Oldenbourg, 1927.

prinzipien, die wir in der Erfassung der durch Kritik oder eigene Anschauung
festgestellten Lebenswirklichkeit zunächst ganz unbewusst betätigen. Geschichte sei nichts anderes als eine aus Geschichten assortierte Erzählung. Als logisch
entscheidenden Gesichtspunkt bezeichnet Troeltsch, dass nicht von einer Zu-
sammenrechnung historischer Elementarvorgänge, sondern von deren anschau-
lichen Einheit und Verschmelzung zu einem historisch bedeutsamen Lebens-
ganzen ausgegangen werden müsse. Wenn aber das aus einzelnen Geschichten
zusammengesetzte Geschichtswerk als ganzes erst den dargestellten einzelnen
historischen Begebenheiten ihre spezifische Bedeutung zuzuweisen vermag,
dann kommt für die Geschichtsschreibung alles auf die Auwahl und auf das Zu-
sammenfügen dieser an sich in losem Zustand noch bedeutungslosen, aus dem
Strom der Ereignisse herausgerissenen Geschichten an:

> *„Jeder historische Begriff ist eine Synthese von Naturbedingun-*
> *gen und Wert oder Sinn oder Freiheit, und keine Auslese vom Be-*
> *griff des Wesentlichen aus kann diese Grundbedingungen aufhe-*
> *ben; es wird immer je nach Gegenstand und Talent des Darstel-*
> *lers das Mass an Abstraktheit und Anschaulichkeit schwanken.*
> *[...] Die historischen Darstellungen selbst bleiben in hohem Gra-*
> *de symbolisch. [...] Fragt man nun aber schliesslich, wie jenes die*
> *anschauliche Abstraktion und Symbolbildung bestimmende We-*
> *sentliche oder Charakteristische selbst bestimmt werden könne, so*
> *ist das nur möglich durch die Hinweisung auf eine Wert- oder*
> *Sinneinheit, die der jeweiligen Totalität für ihr eigenes Bewusst-*
> *sein immanent ist und die wir freilich nur vermöge unserer eige-*
> *nen Fähigkeiten der Wert- und Sinnenpfindung erfassen kön-*
> *nen.“*[51]

Troeltsch hat uns die Konsequenzen der umfassenden Darstellung des Historismus des 19. Jahrhunderts nicht mehr darlegen können; in einigen Vorträgen
aber hat er eine sogenannte Ethik der Kulturwerte in Abgrenzung von der Ge-
wissensmoral postuliert. Darin verbindet er den Gemeingeist im Sinn des
Volksgeistes des romantischen Historismus mit einer lebensphilosophischen
Sicht der komplexer ethischer Strukturen.[52] Eine moralische Urteilskraft dämme
und gestalte den Lebensstrom, argumentiert Troeltsch:

---

[51] *Ernst Troeltsch*: Der Historismus und seine Probleme, S. 40ff.
[52] Vgl. *Charles Larmore*: Strukturen komplexer Moralität, Stuttgart/ Weimar: J. B. Metzler, 1995.

„Die Aufgabe der Dämmung und Gestaltung ist also ihrem Wesen nach unvollendbar und unendlich und doch im einzelnen immer wieder lösbar und praktisch gestellt. Eine radikale und absolute Lösung gibt es nicht, nur kämpfende, partielle und synthetisch verbindende Lösungen. Immer wieder aber rauscht der Strom des Lebens auf und weiter. Die Geschichte ist innerhalb ihrer selbst nicht zu transzendieren und kennt keine Erlösung anders als in Gestalt gläubiger Vorwegnahmen des Jenseits oder verklärender Steigerungen pratieller Erlösungen.“[53]

Damit ist die transzendentale Grundstruktur der Geschichte in den idealistischen Geschichtsphilosophien, insbesondere aber in derjenigen Hegels, definitiv gebrochen. ERICH ROTHACKER hat Historismus als Vorläufer aller Geisteswissenschaften ("Einleitung in die Geisteswissenschaften" als historischer Vorlauf zur „Logik und Systematik der Geisteswissenschaften“).[54]

Als radikale Kritik an der idealistischen Geschichtsphilosophie kann gefragt werden, ob es denn überhaupt eine Geschichte gebe, ob nicht vielmehr alle Geschichtsschreibung bloss eine thematische Anordnung von Geschichten darstelle;[55] nur liegt eben die Problematik auch dieser Position darin, dass auch sie der Assoziation der Geschichten nach Ideen unterworfen wäre, wenn sie denn Geschichten schreiben wollte. Geschichte hebt sich also in keiner Weise irgendwie auf, vielmehr kann Geschichtlichkeit nur verleugnet oder betätigt werden. Gerade deshalb stehen wir auch nicht am Ende der Geschichte und werden nie da stehen;[56] mit Bezug auf Geschichte ist schon allein die Rede von einem Ende

---

[53] Vgl. *Ernst Troeltsch*: Der Historismus und seine Überwindung – Fünf Vorträge, Aalen: Scientia, 1979 (2. Neudruck der Ausgabe Berlin 1924), S. 21ff. und 59f.

[54] *Erich Rothacker*: Einleitung in die Geisteswissenschaften, Tübingen: J. C. B. Mohr (Paul Siebeck), 2., photomechanisch gedruckte, durch ein ausführliches Vorwort ergänzte Auflage 1930; vgl. auch: Logik und Systematik der Geisteswissenschaften (Handbuch der Philosophie), München/ Berlin: R. Oldenbourg, 1927.

[55] Vgl. als markante Positionsnahme für die Unmöglichkeit von Geschichte *Friedrich Nietzsche*: Unzeitgemässe Betrachtungen, zweites Stück: Vom Nutzen und Nachteil der Historie für das Leben, Leipzig 1874.

[56] Vgl. die provokante Durchführung hegelscher dialektischer Prinzipien bei *Francis Fukuyama*: Das Ende der Geschichte – Wo stehen wir ? München: Kindler, 1992; dazu *Alex Callinicos*: Theories and Narratives, S. 15ff.; *Otto Pöggeler*: Eine Ende der Geschichte ? Von Hegel zu Fukuyama, in: Vorträge der Nordrhein-Westfälischen Akademie der Wissenschaften, Reihe G, Nr. 332, Opladen: Westdeutscher Verlag, 1995; *Mihály Vajda*: Ende der Geschichte oder Wiederkehr der Geschichte ? In: Neue Hefte für Philosophie (Göttingen: Vandenhoeck & Ruprecht), hrsg. von Rüdiger Bubner u.a., H. 34 (1993), S. 18ff.; *Reiner Wiehl*: Wiederkehr der Geschichte, ebenda, S. 85ff.; und *Martin Meyer*: Ende der Geschichte ? München/ Wien: Carl Hanser, 1993.

Unsinn, haben doch die Geschichten wie auch die Geschichtswerke wesensgemäss Anfang und Ende, was für jede Form der Geschichtsschreibung eine
narrative Struktur gerade erst notwendig macht. Und genau deshalb, weil die
Geschichte wesensgemäss nicht enden kann, erübrigt sich politischen Handeln
nie, denn auch ein Unterlassen oder die Verkennung eines sich real stellenden
Problems wäre eben Nicht-Handeln; so kann denn auch die Forderung der Demokratisierung dieser politischen Entscheidungen nie zu einem Ende kommen.[57]

Was Geschichte den Politiker lehren kann und es auch tun muss, ist die Notwendigkeit des Wirklichkeitsbezugs politischen Handelns, welches ja immer in
gewisser Hinsicht situativ ist, d.h. in einem komplexen Umfeld stattfindet, und
die daherige Angewiesenheit des politischen Handelns auf Geschichte.[58] Als
Gefahr ist mithin eine bloss symbolische Politik erkannt, ein Politisieren mit
blossen Konzepten, die ohne jeden Realitätsbezug bleiben, mit Begriffen, die
keine Wirklichkeit mehr bezeichnen, eine Politik, die nurmehr Namen nennt
und Zeichen setzt.[59]

Quasi Zusammenfassung möchte ich den französischen Literaten PAUL VALÉRY
zu Wort kommen lassen, der die Auffassung geäussert hat, die wahre Geschichte einer Epoche sei diejenige, der es gelinge, die Imaginationen, die Ideale, den
Horizont, die Erwartungen etc. dieser Epoche sowie die Mittel und Möglichkeiten dieser Epoche zum Handeln aufzuzeigen. Valéry hat auch den Vorwurf formuliert, dass die Geschichtsschreibung kein Selbstverständnis ihres Wesens, ihrer Funktion, ihrer Aufgabe und ihrer Wirkung entwickelt habe. Seine Vision
der aufgeklärten Geschichtsschreibung ist gekennzeichnet durch die Anerkennung der perspektivischen Sicht auf die Vergangenheit und die Forderung nach
einer literarischen, ästhetischen Bearbeitung des selektierten Materials:

---

[57] Vgl. zu dieser These *Jean-Marie Guéhenno*: Das Ende der Demokratie, München: Artemis &
Winkler, 1994; und *Josef Isensee*: Am Ende der Demokratie – Oder am Anfang (Wirtschaftspolitische Kolloquien der Adolf-Weber-Stiftung, H. 20), Berlin: Duncker & Humblot, 1995.
[58] Dass die Geschichte politisches Handeln nicht determiniert, darauf habe ich bereits genügend hingewiesen; dass sie auch keine eigentliche Rezepte dafür liefert, dazu *Jean Rudolf von Salis*: Geschichte und Politik, in: Geschichte und Politik – Betrachtungen zur Geschichte und Politik, Beiträge zur Zeitgeschichte, Zürich: Orell Füssli, 1971, S. 147ff.; zum Zusammenhang von vergangenen
Geschichtsdaten und immerwährend neuer Geschichtsschreibung sagt er: "Es handelt sich also darum, die Geschichte neu zu schreiben, indem wir unserem Beginnen die neue Art, der historischen
Wirklichkeit bewusst zu werden, zugrunde legen. Denn eine neue Weltschau lässt auch die historische Schau nicht unberührt (S. 157)".
[59] Vgl. *Murray Edelmann*: Politik als Ritual – Die symbolische Funktion staatlicher Institutionen
und politischen Handelns, Frankfurt am Main: Campus, 1995.

„Nul historien ne semble se douter qu'avant de construire l'histoire, il faut construire le point d'où elle sera vue. [...] L'Histoire est de toutes les recherches humaines la plus difficile à concevoir. De toutes les oeuvres imaginables elle est celle qui demande le plus de partis à prendre et de conventions préliminaires. C'est également l'histoire qui les exprime et les expose le moins. L'art de ce qui vient avant, art des vestiges et de choisir et de composer les vestiges demande un ensemble de conventions. [...] L'histoire est la forme la plus naïve de la Littérature."[60]

Dieses Idealbild der Geschichte sieht Valéry bedroht durch drei Gefahren:

• der Historiker sei der Versuchung ausgesetzt, Sensations- und nicht Normalereignisgeschichte zu schreiben;

• er schreibe über nicht selber erlebte Vergangenheit, andernfalls handle es sich um Memoiren und nicht um Geschichte, und er sei dennoch versucht, Gesetzmässigkeiten zu behaupten und Prognosen abzugeben; und

• die Suche nach Ursachen für geschichtliche Ereignisse und Entwicklungen erweise sich als Laster.[61]

Den Historismus betitelt Valéry als Augenbinde, die monumentale Vorstellungen evoziere und so den Politiker verhindere, die gegenwärtige Wirklichkeit zu erkennen.[62] Wozu denn Geschichte überhaupt diene, fragt Valéry: Nur dazu – aber das sei schon viel –, nicht ableitbare Ideen zu vermehren. Diese obenstehend bereits angesprochene heuristische Funktion der Geschichte impliziert nun deutlich eine Schlussfolgerung auf das Politische: Geschichtsschreibung, nein,

---

[60] *Paul Valéry*: Histoire-Politique, in: Cahiers (Bibliothèque de la Pléiade), hrsg. von Judith Robinson-Valéry, Paris: Éditions Gallimard, 1974, Bd. 1, S. 1456, 1471 und 1489; zusammenfassend: De l'histoire, in: Oeuvres (Bibliothèque de la Pléiade), hrsg. von Jean Hytier, Paris: Éditions Gallimard, 1960, Bd. 2, S. 935ff.; skeptisch betreffend die Möglichkeit einer Geschichte seiner Zeit: Discours de l'histoire prononcé à la distribution solennelle des prix du Lycée Janson-de-Sailly le 13 juillet 1932, in: Oeuvres (Bibliothèque de la Pléiade), hrsg. von Jean Hytier, Paris: Éditions Gallimard, 1957, Bd. 1, S. 1128ff.; vgl. *Karl Löwith*: Paul Valéry – Grundzüge seines philosophischen Denkens (Kleine Vandenhoeck-Reihe, Bd. 329), Göttingen: Vandenhoeck & Ruprecht, 1971, bes. S. 89ff.; sowie die Beiträge von *Elio Franzini* und *Karl Löwith* in der Internationalen Zeitschrift für Philosophie, hrsg. von Günter Figal und Enno Rudolph, Jg. 1995, H. 1, Stuttgart: J. B. Metzler, 1995, S. 67ff und 81ff.

[61] *Paul Valéry*: Histoire-Politique, S. 1477, 1537, 1487 und 1539.

[62] *Paul Valéry*: Histoire-Politique, S. 1542.

vielmehr eben: Geschichtsphilosophie, erweist sich als Grundlagenwissenschaft
für die politischen Entscheidungen und garantiert also gewissermassen Wirk-
lichkeitsbezug der Politik.

> *„Les questions en politique ne sont pas réellement raisonnées. Ce*
> *ne sont pas les raisonnements qui manquent ! Mais on n'a pas les*
> *moyens. C'est-à-dire les notions bien préparées – et les principes*
> *– je veut dire les formules qui permettraient de ne pas omettre –*
> *ou d'omettre le moins possible – les conditions auxquelles doit ré-*
> *pondre toute décision. De tout ceci, les historiens surtout sont*
> *responsables.* "[63]

---

[63] *Paul Valéry*: Histoire-Politique, S. 1512.

Die Gründungserzählung der Verfassung als Idee des Staates

Christian Waldhoff

Übersicht

I. Einleitung

> *„Wir haben den Roman der Revolution beendet. Wir müssen mit ihrer Historie beginnen unser Augenmerk nur auf das richten, was bei der Anwendung unserer Prinzipien real und möglich ist, und nicht auf das Spekulative und Hypothetische. Heute einen anderen Weg einzuschlagen hieße zu philosophieren und nicht zu regieren."*[1]
> (Napoleon Bonaparte, 9. November 1799).

1788, nur 11 Jahre vor jenen Worten, die wie geschaffen sind, heute in unser Thema einzuleiten – und damit nur ein vor der Weltenzeit setzenden Zäsur der französischen Revolution – beschrieb *Karl Philipp Moritz* in seiner bahnbrechenden Abhandlung „Über die bildende Nachahmung des Schönen" das Be-

---

[1] *Napoleon Bonaparte*, zitiert nach *ders.*, Pensées politiques et sociale, Paris 1969, S. 23; deutsche Übersetzung nach *Peter Sloterdijk*, Der starke Grund, zusammen zu sein, 1998, S. 14.

dingungsverhältnis von Kreation und Zerstörung, von Erneuerung und Bewahrung. In just einem Punkt, im „höchsten Schönen", fallen für ihn Zerstörung und Bildung zusammen[2].

In wenigen Punkten begegnen sich Ästhetik und Verfassungstheorie so vertaut wie in der Frage nach dem Anfang. Verfassunggebung und Revolution, Schöpfung der neuen Ordnung und Vernichtung der alten Ordnung haben sich der Verfassungstheorie als zwei Seiten einer Medaille eingeschrieben. Anschaulicher als im französischen und englischem Original, als pouvoir constituant und constituent power, spielt die deutsche Redensart von der verfassunggebenden *Gewalt* mit der Möglichkeit ihrer Körperlichkeit – ohne sie wirkt der „Roman der Revolution" ein wenig „blutleer".

Wie zu zeigen sein wird, lebt die verfassunggebende Gewalt von der Vorstellung, dass im revolutionären Akt in vollendeter Faktizität die neue Verfassung *als Idee* des kommenden Staates geboren ist, das „höchste Schöne" der Verfassungstheorie. Die Idee der Verfassung gibt dem amorphen Gebilde „Staat" *zugleich* Form *und* Inhalt.

Diese Idee – im wörtlichen Sinne – auszubuchstabieren und in die Zeit zu tragen ist Gegenstand der eigentlichen Verfassunggebung. Die verfassunggebende Gewalt wird so zur Gründungserzählung des späteren Verfassungsstaates, zum Mythos der Nation. Diese Erzählung – Napoleon trifft dies mit schlafwandlerischer Sicherheit – ist ein Roman, kein historischer Tatsachenbericht. Bei Verfassunggebung handelt es sich außerdem um einen jener „Anfänge bedingter Art" *Thomas Manns*, „welche den Ur-Beginn der besonderen Überlieferung einer bestimmten Gemeinschaft, Volkheit oder Glaubensfamilie praktisch-tatsächlich bilden"[3] und so die ewige Suche nach dem immer weiter zurückliegenden Grund im infiniten Regress abschneiden. Das mag auch die Verwandtschaft zu ästhetischen Kategorien erklären, es geht weit mehr um den Nachvollzug sinnlicher Wahrnehmung als um juridische Rationalität. Damit steht die Lehre von der verfassunggebenden Gewalt in scharfem Kontrast zur prosaischen Vollpositivität des Verfassungs*rechts*. Noch einmal Napoleon: Nach Abschluss des Romans der Revolution wird regiert, nicht mehr philosophiert.

---

[2] *Karl Philipp Moritz,* Über die bildende Nachahmung des Schönen (1788), in: ders., Schriften zur Ästhetik und Poetik. Kritische Ausgabe, 1962, S. 63.
[3] Joseph und seine Brüder, Höllenfahrt, in: ders., Gesammelte Werke, Bd. IV, 1960, S. 9.

II. Der Zusammenhang zwischen der konkreten Entstehung der Verfassung und der Geltungs- oder Legitimationsfrage

Die verfassungstheoretische Frage nach dem Geltungsgrund der Verfassung unterscheidet sich von der Beschreibung historischer Prozesse. Nicht das archivarisch-historiographische Interesse, „wie es eigentlich gewesen" sei[4], sondern das Problem juristischer Verbindlichkeit, d.h. der Rechtsgeltung ist erkenntnisleitend: „Es ist weder eine Beschreibung realen Geschehens, noch die rechtsdogmatische Bezeichnung des Geltungsgrundes der konkreten Rechtsordnung, wenn die staatliche Existenz oder die Verfassung auf die verfassunggebende Gewalt zurückgeführt werden."[5] Auf eine Kurzformel gebracht: „Normativität versus Geschichtlichkeit"[6]. Geschichte wird hier durchaus instrumentell in ihrer legitimatorischen Funktion in Bezug genommen. Verfassungsgebung ist insofern Stiftung einer Gründungserzählung, Verfassung das ex post entstandene Protokoll dieser Vorgänge, das nur festhält, was zum Zeitpunkt der Niederschrift noch für wichtig erachtet wird[7]. Die jedem kodifikatorischen Projekt innewohnende mythische Dimension[8] ist im Falle der Verfassung bis zum Höhepunkt gesteigert.

Von außen betrachtet handelt es sich um juristische, genauer: um rechtstheoretische Konstruktion, wenn unterschiedliche „Modelle" der Geltung angeboten werden. Als dogmatischer Begriff hat die verfassunggebende Gewalt die Funktion, die Geltung der Verfassung zu stabilisieren[9]. Die Unterschiede können be-

---

[4] *Leopold v. Ranke*, Geschichte der romanischen und germanischen Völker. Sämtliche Werke, Leipzig 1877 ff., Bd. 7, S. 33 f.

[5] *Peter Badura*, Die Methoden der neueren allgemeinen Staatslehre, 2. Aufl., 1997, S. XVI; *Horst Dreier*, in: ders. (Hrsg.), Grundgesetz. Kommentar, Bd. 1, 2. Aufl., 2004, Präambel Rdnr. 72: „Das staatstheoretische Konzept der verfassunggebenden Gewalt bezeichnet keine beobachtbare Tatsache, sondern eine komplexe Legitimationsfigur."

[6] *Josef Isensee*, Wechsel, Wandel und Dauer der Staatsformen im 19. und 20. Jahrhundert, in: Lappenküper u.a. (Hrsg.), Masse und Macht im 19. und 20. Jahrhundert, 2003, S. 67, 73; insofern ist die grob polemische Qualifizierung als „fromme Lüge" – so *Hans Meyer*, Das ramponierte Grundgesetz, KritV 76 (1993), S. 399, 424 – bereits im Ansatz durch die Verwechslung zentraler Kategorien falsch, was auch nicht dadurch entschuldigt werden kann, dass die von *Meyer* herangezogenen Kronzeugen – *Hermann v. Mangoldt* und *Thomas Dehler* – dem gleichen Irrtum aufsitzen.

[7] Vgl. *Albrecht Koschorke*, Zur Logik kultureller Gründungserzählungen, Zeitschrift für Ideengeschichte 2 (2007), S. 5 f., 8 ff.

[8] Vgl. *Inge Kroppenberg*, Mythos Kodifikation – Ein rechtshistorischer Streifzug, JZ 2008, S. 905, 909 ff.

[9] *Ernst-Wolfgang Böckenförde* (Fn. 7), S. 90, 92; kritisch *Christoph Möllers*, Staat als Argument, 2000, S. 201 ff., der auf die Parallele zum „Staat" als Grenzbegriff zwischen Normativität und Faktizität hinweist und darauf hinweist, dass rechtstheoretisch dadurch der Geltungsgrund des Rechts selbst zum Recht mutiere.

sonders anschaulich an der Verfassunggebung durch Revolution oder infolge einer Revolution verdeutlicht werden. Normativ-konstruktiv kann hier regelmäßig besonders klar der revolutionäre Akt, der den überkommenen Legalitätszusammenhang sprengt, identifiziert werden: Wenn sich der *Dritte Stand* innerhalb der Generalstände zur verfassunggebenden Nationalversammlung erklärt und damit ihren Einsetzungsauftrag, ihr Mandat überschreiten, liegt in diesem „Punkt" die zentrale Rechtsverletzung, die Sprengung der überkommenen Legalität[10]. Historisch-soziologisch erscheint die Französische Revolution demgegenüber als vielaktiger und vielschichtiger Prozess in einem Zeitraum über Jahre[11].

1. Die Lehre von der verfassunggebenden Gewalt als voraussetzungsvolles Konzept der Verfassunggebung und -legitimation

Die Lehre von der verfassunggebenden Gewalt, vom *pouvoir constituant* ist in Abgrenzung zu soziologischer oder historischer Beschreibung und politischer Rechtfertigung von Verfassungsentstehung eine verfassungstheoretische „Denkfigur"[12], eine Konstruktion zur normativen und damit im Grundsatz ahistorischen Plausibilisierung des Geltungsgrundes der Verfassung. Der Grenzbegriff der verfassunggebenden Gewalt beantwortet eine genetische, eine rechtsphilosophische und eine verfassungstheoretische Frage: Der historisch-politische Ursprung der Verfassung, ihr inhaltlicher Geltungsgrund, die Beschreibung der Instanz bzw. tragenden Kraft der Legitimität und die Abgrenzung zwischen Änderung und Beseitigung der Verfassung werden so auf je unterschiedlichen Ebenen beantwortet[13]. Darüber hinaus ist diese Denkfigur, insbesondere wenn sie in ihrer demokratischen Variante als „verfassunggebende Gewalt *des Volkes*" ventiliert wird, von konkreten historischen Anlässen und Umständen nur bedingt ablösbar. Historisch erweist sich die Figur der verfassunggebenden Gewalt des Volkes als *Element einer demokratischen Verfassungstheorie*, wie sie in der Französischen Revolution als Prototyp demokratischer Revolution und in den Vorarbeiten *Emmanuel Joseph Sieyès* zum Ausdruck kamen, indem die traditionale Herrschaftslegitimation des Königs, der Monarchie durch den Rückgriff auf die prinzipiell ungebundene Entscheidungsgewalt der Nation als verfas-

---

[10] Die spätere Hinrichtung des Königs erscheint demnach als retardierendes Moment, vgl. *Christian Waldhoff/Holger Grefrath*, in: Friauf/Höfling (Hrsg.), Berliner Kommentar zum Grundgesetz, Loseblattsammlung, Stand des Gesamtwerks: 29. Lfg. Dezember 2009, Art. 54 Rdnr. 10.

[11] Vgl. etwa *Eberhard Schmitt*, Repräsentation und Revolution, 1969, S. 133 ff.

[12] *Hans-Peter Schneider,* Die verfassunggebende Gewalt, in: Isensee/Kirchhof (Hrsg.), Handbuch des Staatsrechts der Bundesrepublik Deutschland, Bd. 7, 1. Aufl., 1992, § 158 Rdnr. 1.

[13] Vgl. *Ernst-Wolfgang Böckenförde* (Fn. 9), S. 92.

sungsschöpfende Kraft ersetzt wurde[14]. Das Volk, die Nation[15] als solche sind handlungsunfähig, sie dienen als Referenzpunkte der konkreten Akteure, die im Wege revolutionärer Selbstermächtigung das Heft in die Hand nehmen. Der Theologe *Emmanuel Joseph Sieyès* übertrug theologische Begriffe auf die diesseitige Verfassungsordnung[16]: In Abkehr von der göttlichen Einsetzung der Herrschaftsgewalt und des Herrschers wird das Volk als Summe der in der Nation vereinten Menschen souverän. Die Analyse der verfassunggebenden Gewalt erweist er sich nicht als „Fiktion", auch nicht als bloßes „Sprachbild", sondern als spezifisch normtheoretische Konstruktion zur Begründung der Frage: Warum gilt die Verfassung in einem juristischen Sinn? Als Grenzbegriff vermittelt die verfassunggebende Gewalt zwischen Faktizität und Normativität, um eine verfassungs*theoretische* Aussage machen zu können[17]. Die Frage nach dem Geltungsgrund gehört zur Verfassungstheorie, übersteigt das positive Recht, denn die Geltung, die Normativität einer Verfassung ruht historisch betrachtet zuförderst auf außernormativen Gegebenheiten. Geltung ist stets normtranszendent: „Die Legitimation der Verfassung ist nicht Thema für die Verfassungsinterpretation, die sich innerhalb des verfassungsrechtlichen Systems bewegt, sondern für die Verfassungstheorie, die es von außen betrachtet."[18] Geltung ist nicht Gegenstand, sondern Voraussetzung von und für Verfassungsinterpretation. Wie an kaum einer anderen Stelle in der Rechtsordnung wird so der naturalistische Fehlschluss vom Sein auf das Sollen gestreift, da es sich um eine verfassungs*theoretische* Kategorie handelt allerdings vermieden. Verfassunggebende Gewalt des Volkes ist kein verfassungs*rechtsdogmatischer*, sondern ein

---

[14] *Emmanuel Joseph Sieyès*, Préliminaire de la Constitution, Paris 1789; *ders.*, Qu'est-ce que c'est le tiers état? Paris 1789; Grundlegend dazu *Egon Zweig*, Die Lehre vom Pouvoir Constituant, 1909; *Karl Loewenstein*, Volk und Parlament nach der Staatstheorie der französischen Nationalversammlung von 1789, 1922; *Hasso Hofmann*, Repräsentation, 3. Aufl., 1998, S. 406 ff.; *Carl Schmitt*, Die legale Weltrevolution, Der Staat 17 (1978), S. 321, 337; zu entsprechenden Ansätzen vor *Sieyès* siehe *Görg Haverkate*, Verfassungslehre, 1992, S. 332 f. mit Fn. 4; *Thomas Hafen*, Staat, Gesellschaft und Bürger im Denken von Emmanuel Joseph Sieyes, 1994, S. 100 mit Fn. 41; ideengeschichtlich scheint es sich hier um eine Verbindung von Rousseauschem Gedankengut mit der Gewaltenteilungsdoktrin der USA zu handeln, vgl. *Robert Redslob*, Die Staatstheorien der französischen Nationalversammlung von 1789, 1912, S. 151 ff. unter Hinweis auf *Jean-Jaques Rousseau*, Gesellschaftsvertrag, Buch II Kap. 12; daraus folgt dann die Trennung zwischen gesetzgebender und verfassunggebender Gewalt.
[15] Zu Geschichte und Funktion des Begriffs der „Nation" in der französischen Tradition in Abgrenzung zu „Volk" statt aller *Martin Kriele*, Einführung in die Staatslehre, 6. Aufl., 2003§ 23; *Thomas Hafen* (Fn. 14), S. 71 ff.
[16] *Carl Schmitt* (Fn. 14), S. 337.
[17] Zu dem auch hier zugrunde gelegten Konzept von Verfassungstheorie vgl. *Matthias Jestaedt*, Die Verfassung hinter der Verfassung, 2009.
[18] *Josef Isensee*, Das Volk als Grund der Verfassung, 1995, S. 9 f., 80.

vorgelagerter und damit verfassungs*theoretischer* Begriff[19]. Das kann durch ein Gedankenexperiment verdeutlicht werden: Wäre die verfassunggebende Gewalt (auch) eine verfassungsrechtsdogmatische Kategorie des geltenden Rechts und ginge man davon aus, dass das Volk als Subjekt dieser Kompetenz diese auch nach Ausübung beibehält, käme man zu dem Ergebnis, dass die konstituierte Verfassung – will sie ihren normativen Anspruch nicht aufgeben – zugleich die Ausübung dieser Kompetenz verbieten, ihr aktiv entgegentreten muss: Die verfasste Gewalt muss gegenüber der verfassenden Gewalt ein Revolutionsverbot statuieren[20]. Diese Perplexität – von manchen in Art. 146 GG verortet[21] – wird vermieden, löst man die Legitimationsfrage vom geltenden Recht ab.

Ein radikaler Normativismus verzichtet – von seinem Standpunkt aus betrachtet konsequent – auf außerjuristische „Letztbegründung", indem mit der Grundnorm ein Axiom an Stelle des Rekurses auf eine materielle Verankerung von Legitimität gesetzt wird[22]. Die Rückführung von Rechtsnormen auf Rechtsnor-

---

[19] *Horst Dreier* (Fn. 5), Präambel Rdnr. 64 ff.; grds. a.A. *Udo Steiner* Verfassunggebung und verfassunggebende Gewalt des Volkes, 1966.

[20] *Walter Jellinek*, Grenzen der Verfassungsgesetzgebung, 1931, S. 15; *Gerd Roellecke,* Verfassunggebende Gewalt als Ideologie, in: Depenheuer (Hrsg.), Aufgeklärter Positivismus, 1995, S. 149, 151 f., unter Rückgriff auf *Dietrich Murswiek*, Die verfassunggebende Gewalt nach dem Grundgesetz für die Bundesrepublik Deutschland, 1978, S. 256.

[21] Umfassend zu den divergierenden Auslegungen des Schlussartikels des Grundgesetzes in der seit 1990 geltenden Fassung *Ewald Wiederin*, Die Verfassunggebung im wiedervereinigten Deutschland. Versuch einer dogmatischen Zwischenbilanz zu Art. 146 GG n F , AöR 117 (1992), S. 410; *Martin Heckel*, Die Legitimation des Grundgesetzes durch das deutsche Volk, in: Isensee/Kirchhof (Hrsg.), Handbuch des Staatsrechts der Bundesrepublik Deutschland, Bd. 8, 1995, § 197, Rdnr. 86 ff.; *Henning Moelle*, Der Verfassungsbeschluss nach Artikel 146 Grundgesetz, 1996; *Karlheinz Merkel*, Die verfassunggebende Gewalt des Volkes. Grundlagen und Dogmatik des Art. 146 GG, 1996; *Birgitta Stückrath*, Art. 146 GG: Verfassungsablösung zwischen Legalität und Legitimität 1997; zu den Ansätzen einer verfassungsprozessualen Aktivierung von Art. 146 GG vgl. *Holger Grefrath*, Exposé eines Verfassungsprozessrechts von den Letztfragen? Das Lissabon-Urteil zwischen actio pro socio und negativer Theologie, erscheint demnächst.

[22] Zur „Grundnorm" *Hans Kelsen*, Reine Rechtslehre, 1. Aufl., 1934, zitiert nach der von *Jestaedt* hrsg. Studienausgabe 2008, S. 73 ff., 93; in Verbindung mit der dadurch überflüssigen Kategorie der verfassunggebenden Gewalt *Johann Schlesinger*, Der pouvoir constituant, ZöR 13 (1933), S. 104; dazu *Herbert Sauerwein*, Die „Omnipotenz" des pouvoir constituant, Diss. iur. Frankfurt 1960, S. 56 ff.; *Erich Tosch,* Die Bindung des verfassungsändernden Gesetzgebers an den Willen des historischen Verfassunggebers, 1979, S. 92 f. Eine interessante frühe Bewältigung des Problems – noch ohne den Terminus der verfassunggebenden Gewalt – findet sich bei *Walter Jellinek*, Gesetz, Gesetzesanwendung und Zweckmäßigkeitserwägungen, 1913, S. 27 f.: „ … an der Revolution … scheitert auch die Kraft der Verfassungsgesetzgebung. Diese Erscheinung lässt sich nur erklären vermittelst eines höheren Rechtssatzes des Inhalts, dass die Anordnungen des jeweils höchsten Gewalthabers Recht sind. Hier sind wir aber bereits beim obersten Satz aller Rechtsordnungen angelangt; denn er widersteht in seiner Abstraktheit jeder Aufhebung. Angenommen, es gäbe nur befehlende Rechtssätze, so sagt er ganz allgemein: ‚Wenn in einem menschlichen Gemeinwesen ein höchster Gewal-

men endet zwangsläufig an einer Rechtsnorm, deren Geltung wiederum begründet werden muss – es sei denn, man postuliert die Geltung dieser Rechtsnorm axiomatisch[23] und „löst" das Problem durch Ausgrenzung[24]: „Die Verknüpfung des Rechts mit vorrechtlichen Gegebenheiten, das Problem des missing link zwischen Normativität und Faktizität kommt … bei der Verfassung unabweisbar zum Vorschein."[25] Die Frage des „Übergangs" der Verfassung von der historisch-politischen Sphäre in einen rechtlichen Zustand als eigentliche Frage nach der verfassunggebenden Gewalt ist letztlich ebenso auf eine Setzung, eine konstruktive Annahme angewiesen, wie die Frage nach der Geltung der Grundnorm, beide sind Ausfluss des „Dilemmas der letzten Norm"[26]. Die prinzipielle Trennung von Sein und Sollen wird lediglich durch unterschiedliche Konstruktionen bzw. Annahmen bewältigt, letztlich transzendiert[27]; mit solchen Verfahren kann die Verfassungstheorie leben, übersteigt die Frage nach der Geltung von Recht und Verfassung doch die Rechtsordnung selbst. Man kann mit *Gerd Roellecke* hierin (in einem neutralen Sinn) Ideologie, die „Verhüllung der Selbstlegitimation des Rechts" sehen[28]; verfassungstheoretisch funktionslos ist die Kategorie damit nicht.

2. Verfassunggebende Gewalt des Volkes als Ausprägung der Volkssouveränität

Die verfassunggebende Gewalt wird im demokratischen Verfassungsstaat zur verfassunggebenden Gewalt *des Volkes* als Antwort auf die Frage nach der Gel-

---

thaber (sei es das Volk, sei es der Monarch, sei es eine besondere Gesellschaftsklasse usw.) vorhanden ist, so soll das, was er anordnet, befolgt werden.' Der Satz hat die gleiche Unverbrüchlichkeit wie das Naturgesetz; wie dieses ist es unabhängig von der Wirklichkeit; die Wirklichkeiten sind nur Anwendungsfälle des allgemeinen Gesetzes; Revolutionen, Staatenbildungen, Staatenvernichtungen, Verfassungsgesetze u. dgl. sind Tatbestände, an die der höchste Satz Wirkungen knüpft. ‚Wenn in einem menschlichen Gemeinwesen ein höchster Gewalthaber vorhanden ist, so soll das, was er anordnet, befolgt werden.' ‚Bei Gründung des Norddeutschen Bundes waren die norddeutschen Staaten in ihrer Gesamtheit die höchsten Gewalthaber des neu zu gründenden Verbandes.' ‚Folglich soll die von ihnen angeordnete Bundesverfassung befolgt werden.' Nach dieser Auffassung ist also dasjenige, was die Entstehung des Norddeutschen Bundes *erklärt*, jener oberste aller Sätze, der unabhängig ist vom dem Bestehen einer Volkerrechtsgemeinschaft, einer Gewohnheit, eines Einzelstaats, eines Bundesstaats." (Hervorhebung im Original).

[23] Vgl. im Überblick *Klaus F. Röhl/Hans Christian Röhl,* Allgemeine Rechtslehre, 3. Aufl., 2008, S. 305 ff., 313 f.

[24] *Josef Isensee* (Fn. 18), S. 18.

[25] *Ernst-Wolfgang Böckenförde* (Fn. 9), S. 91 f.

[26] *Josef Isensee* (Fn. 18), S. 9; zur Abgrenzung beider Kategorien aus kelsenianischer Sicht *Johann Schlesinger* (Fn. 22), S. 104.

[27] Vgl. auch *Klaus F. Röhl/Hans Christian Röhl* (Fn. 23), S. 306 f.

[28] *Gerd Roellecke* (Fn. 20), S. 163 f.

tung in einer konkreten historisch-politischen Situation, als sich die Frage nach
der *demokratischen* Begründung der Verfassungsgeltung stellt[29]. Noch über Kategorien wie „Akzeptanz" oder „Annahme" hinaus manifestiert sich im Gründungsakt wie in der Befolgung der „Normwille des Volkes".[30] Insofern fällt sie
im Akt der Verfassunggebung mit der Volkssouveränität zusammen[31], ohne das
diese nicht positivierte und nicht konstitutionalisierte Emanation mit dem posi-
tiv-verfassungsrechtlichen Grundsatz der Volkssouveränität, wie er in Art. 3 der
déclaration des droits de l'homme et du citoyen, in Art. 1 Abs. 2 WRV oder in
Art. 20 Abs. 2 Satz 1 GG zum Ausdruck kommt, verwechselt werden darf[32].
Das Volk ist zugleich Träger (Subjekt) der verfassunggebenden Gewalt wie der
verfassten Staatsgewalt. Die verfassunggebende Gewalt ist im Grundsatz – jenseits selbstgesetzter Regeln – unverfasste und insofern „originäre" (Herrschafts-
)Gewalt. Auch wenn man hier die Bezeichnung als „Staatsgewalt" vermeidet,
geht es nicht um einen (gesellschaftsvertraglichen) „Naturzustand". Der „Naturzustand" erweist sich in den gesellschaftsvertraglichen Staatstheorien als Konstrukt einer Plausibilisierung, die keine historische Realität für sich in Anspruch
nimmt; die Lehre von der verfassunggebenden Gewalt (des Volkes) ist demgegenüber die staatstheoretische bzw. juristische Konstruktion, die tatsächlichen
Herrschaftsverhältnisse normativ einzufangen. Die verfassunggebende Gewalt
des Volkes hat von vornherein präskriptiven Charakter als demokratische Legi-
timationstheorie[33].

In den Gründungsdokumenten des demokratischen Verfassungsstaats kommen
diese Zusammenhänge zum Ausdruck. In einer frühen amerikanischen Verfassung lesen wir: „... the people alone have an incontestable, unalienable, and
indefeasible right to institute government"[34]. In der französischen Erklärung der

---

[29] Betonung des Zusammenhangs der Erfüllung demokratischer Standards bei der Verfassunggebung
bei *Andrew Arato,* Forms of Constitution Making and Theories of Democracy, Cardozo Law Re-
view 17 (1995/96), p. 191 f.; *Udo Steiner* (Fn. 19), S. 25, 67; *Peter Badura,* Verfassung und Verfassungsgesetz, in: FS für Ulrich Scheuner, 1973, S. 19, 36; *Henning v. Wedel,* Das Verfahren der demokratischen Verfassunggebung, 1976, S. 26 ff.; *Ernst Gottfried Mahrenholz,* Die Verfassung und
das Volk, 1992, S. 12; *Friedrich Müller,* Fragment (über) Verfassunggebende Gewalt des Volkes,
1995, S. 14; *Martin Heckel* (Fn. 21), Rdnr. 46; *Dietmar Willoweit,* Deutsche Verfassungsgeschichte,
5. Aufl., 2005, S. 277; *Christoph Möllers* (Fn. 9), S. 199; *Horst Dreier* (Fn. 5), Präambel Rdnr. 64.
[30] *Martin Heckel* (Fn. 21), Rdnr. 57 f.
[31] *Martin Kriele* (Fn. 15), S. 103 f., 240; abweichend wohl *Erich Tosch* (Fn. 22), S. 86 f., der Volkssouveränität als bloß „politisches Postulat" ohne Bedeutung für Schaffung oder Geltung einer Verfassung versteht.
[32] *Matthias Jestaedt,* Demokratieprinzip und Kondominialverwaltung, 1993, S. 156 f. mit Fn. 86.
[33] *Dietrich Murswiek,* in: Dolzer/Waldhoff/Graßhof (Hrsg.), Bonner Kommentar zum Grundgesetz,
Loseblattsammlung, Stand des Gesamtwerks: 141. Lfg. August 2009, Präambel Rdnr. 98.
[34] Art. VII der Constitution of Massachusetts von 1779/80; in der Unabhängigkeitserklärung von
1776 heißt es: „ ... that whenever any form of government becomes destructive of these ends ... it

Menschen- und Bürgerrechte heißt es: „Le principe de toute souverainité réside essentiellement dans la nation."[35] Es handelt sich *systematisch* um eine Zuspitzung der allgemeineren Kategorie, die wiederum an konkrete Entstehungsumstände und Bedingungen geknüpft ist[36]. In der konkreten historischen Situation erweisen sich Freiheit und Gleichheit als die politischen Ziele der Volkssouveränität[37]. Wenn Verfassungen demokratietheoretisch als „praktisch-juristische Form des demokratischen Versprechens" verstanden werden, könnte man von einer (demokratischen) „Anfangserzählung" sprechen, „mit deren Hilfe wir uns erzählen und erklären, wie es zu einer demokratischen Ordnung kam und was sie bedeutet"[38]. *Genetisch* tritt die Figur der verfassunggebenden Gewalt sogleich als diejenige „des Volkes", mit einer politischen Botschaft in Erscheinung. Als „demokratisches Dogma" ist die Lehre von der verfassunggebenden Gewalt letztlich untrennbar mit ihrer demokratischen Variante verbunden, indem sie ausführt, wann eine Verfassunggebung *demokratische* Legitimation besitzt[39]. In der konkreten Entstehenssituation war die Lehre, gestützt auf die *Sieyèssche*[40] Unterscheidung zwischen *pouvoir constituant* und *pouvoir constitué* zugleich politischer, in der Konsequenz demokratischer Kampfbegriff in einem revolutionären Geschehen: „Denn dass die verfassungsschöpferische und -gestaltende Gewalt nur dem Volke – und nicht etwa einem Monarchen oder einer Aristokratie – zustehen konnte, verstand sich von selbst, denn die ganze Idee der Verfassungsschöpfung und damit des pouvoir constituant ruht auf der Voraussetzung, dass eine Gesamtheit sich selbst durch einen kollektiven Gesamtakt eine Ordnung gibt – die Ideen der Volkssouveränität und die des pouvoir constituant sind mithin untrennbar miteinander verbunden. Nur auf der Grundlage der Volkssouveränität ist das Dogma des pouvoir constituant verständlich, dass die verfassunggebende Gewalt die einzige Gewalt im Verfassungsstaat ist, die ihre Kompetenz und ihre Autorität selbst bestimmt, keiner vorgängigen Normierung unterliegt, an keine Begrenzung gebunden ist und auch nach eigenem Ermessen bestimmt, in welcher Weise und nach welchem

---

its the right of the people to alter or to abolish it, and to institute a new government"; vgl. *Bernard Schwartz*, The Bill of Rights, Bd. 1, 1971, S. 231 ff., 251 ff.

[35] Die Formulierung bei *Emmanuel Joseph* Sieyès, Qu'est ce-que le Tiers états? (ed. Zapperi), Genève 1970, p. 180 : « La nation existe avant tout, elle est l'origine de tout. Sa volonté est toujours légale, elle est la loi elle-meme. » Vgl. auch *Hermann Heller*, Staatslehre, 6. Aufl., 1983, S. 314.

[36] *Roman Herzog*, Allgemeine Staatslehre, 1971, S. 312 f.; *Ulrich K. Preuß*, Revolution, Fortschritt und Verfassung, 1990, S. 18.

[37] *Ernst Gottfried Mahrenholz* (Fn. 29), S. 14.

[38] *Christoph Möllers*, Demokratie – Zumutungen und Versprechen, 2008, Rdnr. 19, 96.

[39] *Josef Isensee* (Fn. 18), S. 21, mit der Bemerkung ebd., S. 22, dass die Formel von der „verfassunggebenden Gewalt des Volkes" sich als „latenter Pleonasmus" erweise.

[40] Vgl. zum Ursprung des Konzepts *Claude Klein*, Théorie et pratique du pouvoir constituant, 1996, S. 7 ff.

Verfahren sie ihren Willen bildet".[41] Historisch erweist sich die Lehre von der Volkssouveränität als polemisches Gegenbild zur (absoluten) Fürstensouveränität[42]. Schon im Entstehungszusammenhang der Kategorie, genauer: des Wiederaufgreifens des Topos aus dem Hochmittelalter[43] und der Renaissance[44], in der Französischen Revolution „brach die Politik" in diese „ein" – entsprechende Gegenbewegungen in Deutschland suchten gerade dieses Moment auszuschalten, indem Verfassunggebung als normale Gesetzgebung interpretiert wurde[45]. Das gelang bis zum Umbruch 1918/19[46]. Die verfassunggebende Gewalt wurde auch in Deutschland zu dem, was ihrer historischen Exposition entsprach: zu einer „der wichtigsten Äußerungsformen der Volkssouveränität"[47]. Inzwischen gehört die „Amalgamierung von Staatsgewalt und Demokratie als Inklusionsprinzip" zum verfassungsrechtlichen Standard freiheitlicher Staaten schlechthin[48].

Gleichwohl bedeutet diese Verbindung von Volkssouveränität und verfassunggebender Gewalt keine Bindung an ein bestimmtes demokratisches Verfahren. Wie noch zu zeigen sein wird gehört die Verfahrensautonomie der verfassunggebenden Gewalt zu ihren entscheidenden Steuerungsmöglichkeiten[49]. Insbesondere das Plebiszit über die neue Verfassung gehört weder zum Traditionsbestand demokratischer Verfassunggebung[50], noch evoziert sein Fehlen automa-

---

[41] *Ulrich K. Preuß*, Zu einem neuen Verfassungsverständnis, in: Frankenberg (Hrsg.), Auf der Suche nach der gerechten Gesellschaft, 1994, S. 103, S. 104.

[42] Vgl. *Horst Ehmke*, Grenzen der Verfassungsänderung, 1953, S. 86; *Ernst Gottfried Mahrenholz* (Fn. 29), S. 13 f.

[43] Bereits *Dante* konzipierte das „souveräne" Volk bereits als unmittelbaren Grund königlicher Herrschaft, die göttliche Gnade nur noch als causa remota, vgl. grundlegend *Hans Kelsen*, Die Staatslehre des Dante Alighieri (1905), in: HKW 1, S. 134 (235).

[44] Vgl. zur vormodernen Geschichte der Volkssouveränität überblicksartig *Hasso Hofmann* (Fn. 14), S. 191 ff.; *Utz Schliesky*, Souveränität und Legitimät von Herrschaftsgewalt, 2004, S. 181 ff., insb. S. 188 ff.; sowie *Friedrich Hermann Schubert*, Volkssouveränität und Heiliges Römisches Reich, HZ 213 (1971), S. 91.

[45] *Wilhelm Henke*, Staatsrecht, Politik und verfassunggebende Gewalt, Der Staat 19 (1980), S. 181, 182.

[46] Vgl. für die Weimarer Zeit jedoch *Gerhard Anschütz*, Die Verfassung des Deutschen Reichs vom 11. August 1919, 14. Aufl., 1933, Art. 76 Anm. 1: „Er [Satz 1 des Art.] bedeutet, dass Verfassungsgesetz und einfaches Gesetz Willensäußerungen einer und derselben Gewalt, der gesetzgebenden Gewalt, darstellen. Der Gedanke einer besonderen, von der gesetzgebenden Gewalt besonderen Gewalt ist, im Gegensatz zu Nordamerika ..., dem deutschen Staatsrecht nach wie vor fremd."

[47] *Klaus v. Beyme*, Die verfassunggebende Gewalt des Volkes, 1968, S. 5.

[48] *Udo Di Fabio*, Das Recht offener Staaten, 1998,S. 44.

[49] Siehe unten unter IV 1.

[50] Vgl. dazu, dass *Sieyès* die Mediatisierung der Stimmbürger durch repräsentative Versammlungen nicht nur als technischen Notbehelf, sondern als „besseres System" entwickelt hatte *Hasso Hofmann* (Fn. 14), S. 407.

tisch einen Mangel an demokratischer Legitimation[51]. Mehr noch stellt sich die Frage, ob die „nacheinlende" Zustimmung des Volkes zu einem Verfassungstext die begriffliche wie normative Durchschlagskraft des Konzepts der Volkssouveränität nicht gar desavouiert: Warum soll das Volk noch einmal zustimmen müssen, wenn es doch die ganze Zeit gehandelt hat?

3. Verfassunggebende Gewalt als punktuelles Ereignis und als dauerhafte Legitimationsquelle

Die verfassunggebende Gewalt als verfassungstheoretische Konstruktion legitimiert die Verfassung im Sinne ihrer Geltungsanordnung. „Die verfassunggebende Gewalt des Volkes ist … zugleich die verfassungslegitimierende Gewalt."[52] Legitimation wird der Verfassung nicht nur durch und während ihres Entstehungsvorgangs vermittelt, sondern im Prinzip dauerhaft[53]. Verfassungen „auf Zeit" sind unüblich. „Die Verfassunggebung ist nur Auftakt zur Verfassungsträgerschaft."[54] Die Verfassunggebung erschöpft sich nicht in einem dezisionistischen Akt, sondern trägt die Geltung auch kontinuierlich in der Zeit[55]. Sie bricht, wie es für Gründungserzählungen typisch ist[56], die Brücken zum Vergangenen ab, setzt eine Zäsur, wirkt aber potentiell auf ewig in Zukunft hinein.

Die Einführung des Topos der verfassunggebenden Gewalt in die deutsche Diskussion (erst) in der Verfassungslehre *Carl Schmitts* 1928, also zehn Jahre nach dem entscheidenden staatsrechtlichen Umbruch, hat durch den pointiert dezisionistischen Ansatz der dortigen Verfassungskonzeption den Blick auf die Dauer, auf den gerade nicht nur punktuellen Charakter erschwert. Dementspre-

---

[51] Vgl. allgemein *Horst Dreier* (Fn. 5), Präambel Rdnr. 69; *Franz-Joseph Peine* , Volksbeschlossene Gesetze und ihre Änderung durch den parlamentarischen Gesetzgeber, Der Staat 18 (1979), S. 375, 386 f.; *Erich Tosch* (Fn. 22), S. 85 f.
[52] *Ernst Gottfried Mahrenholz* (Fn. 29), S. 13.
[53] *Peter Badura,* Staatsrecht, 3. Aufl., 2003, Rdnr. 7.
[54] *Martin Heckel* (Fn. 21), Rdnr. 58.
[55] Grundlegend *Ernst-Wolfgang Böckenförde* (Fn. 7); *Ulrich K. Preuß* (Fn. 41), S. 114; *Klaus Stern,* Das Staatsrecht der Bundesrepublik Deutschland, Bd. 1, 2. Aufl., 1984, S. 147, 149; *Peter Badura* (Fn. 53), Rdnr. 7; *Hermann Huba,* Theorie der Verfassungskritik am Beispiel der Verfassungsdiskussion anlässlich der Wiedervereinigung, 1996, S. 126, ordnet die Betonung des Entstehungsaktes ein „pathetisches Verfassungsverständnis" im Sinne der historischen Selbstverständigung eines Volkes über seine politische Existenz und die gesellschaftliche Ordnung, der Hervorhebung der dauerhaften Geltung ein „technisches Verfassungsverständnis" im Sinne der Funktion der Verfassung als höchstem Gesetz zu.
[56] *Albrecht Koschorke* (Fn. 7), S. 6.

chend betonten *Hermann Heller*, vor allem jedoch *Rudolf Smend* und seine Schüler eher den prozeduralen, zeitlichen Aspekt der Legitimation bzw. des Geltungsgrundes der Verfassung. *Rudolf Smend* postuliert in „Verfassung und Verfassungsrecht", Staat und Verfassung lebten in einem „Prozess beständiger Erneuerung, dauernden Neuerlebtwerdens"[57]. Das bedeutet in der Sache letztlich das gegen eine Überbetonung des dezisionistischen Elements der Verfassunggebung fungierende Postulat eines *pouvoir constituant institué*[58]. Die Geltung der Verfassung liegt nach *Konrad Hesse* in ihrer „Verwirklichung": „Solche reale Geltung erlangt die Verfassung noch nicht dadurch, dass sie gegeben wird. Verfassunggebung ist in dem, was sie ist und in dem, was sie schafft, verkannt, wenn sie als einmaliger Willensakt der ‚verfassunggebenden Gewalt' verstanden wird, einer Ur-Gewalt, aus der sich alle konstituierte Gewalt herleitet und deren Gebote kraft ihres Willens zu befolgen sind. … Inwieweit es der Verfassung gelingt, diese Geltung zu gewinnen, ist vielmehr eine Frage ihrer normativen Kraft, ihrer Fähigkeit, in der Wirklichkeit geschichtlichen Lebens bestimmend und regulierend zu wirken."[59] *Peter Häberle* radikalisiert diese Ansätze, indem er die verfassunggebende Gewalt als solche verabschiedet und die verfasste Totalrevision als Maximum der im konstitutionellen Rahmen verbleibenden Verfassungsordnung anerkennt[60].

Mit diesen Akzentverschiebungen wird zugleich deutlich, dass nicht bestimmte Mehrheitsanforderungen im Entstehungsakt diese dauerhafte Geltung bewirken, sondern dass der reale Erfolg im Sinne einer übergreifenden Akzeptanz das entscheidende Datum darstellt: Nur sofern die im politischen Prozess unterliegenden Teile sich dem Mehrheitsdiktum beugen, gewinnt die Verfassung Legitimität aus Akzeptanz[61]. Nicht das Plebiszit im Rahmen der Verfassunggebung, son-

---

[57] In: *ders.*, Staatsrechtliche Abhandlungen, 3. Aufl., 1994, S. 119 (136).

[58] Vgl. etwa *Rudolf Smend*, Bürger und Bourgeois im deutschen Staatsrecht, in: *ders.*, Staatsrechtliche Abhandlungen, 3. Aufl., 1994, S. 309, 320 Fn. 15: „Es ist … nicht der Sinn der Verfassung, ‚Entscheidung' im Sinne irgendeines sachlich folgerichtigen politischen Denksystems zu sein, sondern lebendige Menschen zu einem politischen Gemeinwesen zusammenzuordnen."

[59] *Konrad Hesse,* Grundzüge des Verfassungsrechts der Bundesrepublik Deutschland, 20. Aufl., 1995, Rdnr. 42; Heilung etwaiger ursprünglicher Legitimationsmängel dadurch, dass das Grundgesetz „von den Menschen grundsätzlich ‚angenommen' worden" sei, *ders.,* Die Verfassungsentwicklung seit 1945, in: Benda/Maihofer/Vogel (Hrsg.), Handbuch des Verfassungsrechts, 2. Aufl., 1994, § 3 Rdnr. 17.

[60] *Peter Häberle*, Die verfassunggebende Gewalt des Volkes im Verfassungsstaat – eine vergleichende Textstufenanalyse, AöR 112 (1987), S. 54, 77 ff., 87, 91 f. Gegen die von *Peter Häberle* vertretene Ansicht bereits früh wiederum *Horst Ehmke* (Fn. 42), S. 87.

[61] Eingehend – in Abgrenzung zu sog. Anerkennungslehren bzgl. der rechtsphilosophischen bzw. rechtstheoretischen Rechtsgeltungslehren – *Hasso Hofmann*, Legitimität und Rechtsgeltung, 1977, S. 60 ff.; ferner *Dieter Grimm*, Art. „Verfassung", in: Staatslexikon der Görres-Gesellschaft, Bd. 5, 7. Aufl., 1989, Sp. 633, 636; *Josef Isensee*, Schlußbestimmung des Grundgesetzes: Artikel 146,

dern das „plébiscite de tous les jours" ist entscheidend. Die Verfassung als Rechtssatz verwirklicht in der Max Weberschen Unterscheidung rationale Legitimität, greift in ihrer Entstehung – gerade in der revolutionären Situation mit ihrem Rückgriff auf Nation oder Volk – jedoch u.U. auf charismatische Legitimität zurück: „Der Gründungsakt, der Tradition stiftet, zeugt Legitimität in Permanenz."[62] Der aus einer spezifischen „Gründungssituation" erwachsende Gründungsakt[63] und die Legitimation auf Dauer vermittelnde Akzeptanz erweisen sich als Charakteristika der verfassunggebenden Gewalt und damit der Legitimation der Verfassung, die – da sie auf unterschiedlichen Ebenen liegen – nicht gegeneinander ausgespielt werden können[64].

3. Legitimation, nicht Begrenzung von Verfassungen

a) Rechtsbindung der verfassunggebenden Gewalt als Selbstbindung – die Verfahrensautonomie bei der Verfassunggebung

Inhaltlich-begrenzende Gehalte können der verfassunggebenden Gewalt grundsätzlich nicht entnommen werden[65]. Schranken ergeben sich allenfalls[66] (in der Variante demokratischer Verfassunggebung) hinsichtlich des Verfahrens und der Beteiligten der Verfassunggebung, nicht hinsichtlich der Inhalte dieser

---

ders./Kirchhof (Hrsg.), Handbuch des Staatsrechts der Bundesrepublik Deutschland, Bd. 7, 1992, § 166 Rdnr. 21; für die Legitimität des Grundgesetzes *Michael Kloepfer*, Zur historischen Legitimation des Grundgesetzes, ZRP 1983, S. 57, 59; *Konrad Hesse* (Fn. 59),§ 3 Rdnr. 17; *Horst Dreier* (Fn. 5), Präambel Rdnr. 73 f.

[62] *Josef Isensee* (Fn. 18), S. 32.

[63] Vgl. *Hermann Huba* (Fn. 55), S. 120.

[64] Vgl. ähnlich *Peter Badura* (Fn. 53), Rdnr. 7.

[65] *Erich Tosch* (Fn. 22), S. 80. Sieyès sah das insbesondere nach den Erfahrungen der Terreur durchaus anders, vgl. näher *Thomas Hafen* (Fn. 14), S. 96 ff. Unterschiedliche Versuche von Selbstbindung der verfassunggebenden Gewalt bei *Udo Steiner* (Fn. 19), v.a. S. 225 ff., *Peter Häberle* (Fn. 60), S. 54, 86 ff., *Henner Jörg Boehl*, Landesverfassunggebung im Bundesstaat, Der Staat 30 (1991), S. 572, 579 und *Jörg Menzel*, Landesverfassungsrecht, 2002, S. 140 ff. (wohl auch jenseits gliedstaatlicher Verfassunggebung im Bundesstaat). Es versteht sich von selbst, dass gliedstaatliche Verfassunggebung im Bundesstaat selbstverständlich zahlreichen und konkreten rechtlichen Bindungen unterworfen ist, vgl. nur *Rudolf Steinberg*, Organisation und Verfahren bei der Verfassungsgebung in den Neuen Bundesländern, ZParl. 23 (1992), S. 497 ff. sowie die Nachweise unten in Fn. 65, 80, 98.

[66] Freilich bleibt auch hier nach richtiger Ansicht etwa die Frage offen, welches Mehrheitserfordernis die Geltung zu bewirken vermag, vgl. *Josef Isensee* Verfassungsrecht als „politisches Recht", in: ders./Kirchhof (Hrsg.), Handbuch des Staatsrechts der Bundesrepublik Deutschland, Bd. 7, 1992, § 162 Rdnr. 21. Auch demokratische Verfassunggebung ist nicht auf ein bestimmtes Verfahren festgelegt; hier stehen neben dem Modell der Constituante das Konventmodell und Verfahren bündisch-demokratischer Verfassunggebung zur Verfügung.

Rechtsnorm[67]. Etwaige Verfahrensregeln sind dann allerdings selbst wiederum Produkt der verfassunggebenden Gewalt, also Regeln der Selbstbindung[68] (vgl. insoweit etwa Art. 181 WRV, wonach das Deutsche Volk – das schon in der Präambel als Legitimationssubjekt für die Verfassung benannt ist – „durch seine Nationalversammlung diese Verfassung beschlossen und verabschiedet" habe; vgl. entsprechend Art. 144, 145 GG). Solche selbstgesetzten Verfahrensregeln sind selbst Ausübung der verfassunggebenden Gewalt und können in ihrer Bedeutung für den Inhalt der zu schaffenden Verfassung kaum überschätzt werden, sind sie doch der erste Schritt zur Verrechtlichung als notwendiger Vorgang der Verstetigung. Sie stellen ein wesentliches Steuerungsinstrument der verfassunggebenden Gewalt dar und sind daher treffend als „Verfassung der verfassunggebenden Gewalt" bezeichnet worden[69]. Freilich tritt im Laufe des Prozesses der Fertigung des Verfassungstextes noch einmal ein Element des spontanen, nicht gesteuerten und nicht steuerbaren auf, nämlich in Gestalt der konkreten Formulierung. In ihr liegt ein Element nachrangiger Selbstermächtigung durch den – im wahrsten Sinne des Wortes – „kreativen" Vorschlag einer ganz bestimmten Formulierung verborgen, das sich vorheriger Steuerung durch Verfahrensregeln schon im Ansatz entzieht. In der Ausprägung als verfassunggebende Gewalt des Volkes treten demokratische Verfahrensanforderungen wie die freie politische Meinungs- und Willensbildung und die Möglichkeit der Einflussnahme, etwa in Form eines Petitionsrechts hinzu[70]. Das Befremden, welches die Forderung etwa nach einem „Petitionsrecht" des Volkes an die Constituante auslöst, erschöpft sich nicht in der Petitesse sprachlichen Deplaziertwirkens. Es markiert vielmehr auf radikale Art die Zäsur der Verrechtlichung, die mit dem Beginn des Niederschreibens des Verfassungstextes einhergeht. An die Stelle des pathetischen Jargons der Revolution treten die kleinlichen Vokabeln des Untertanseins. In Anlehnung an die *Georg Jellinek* ließe sich bereits für das Stadium der Verfassunggebung eine Proto-Statuslehre entwickeln, für die *Hans Kelsen* das ironisierende Bild der „totemistische Maske" [71], geprägt hat: Genauso wie Sein

---

[67] Zur Notwendigkeit von Organisation und Verfahren im Bereich der Verfassunggebung eindrücklich *Rudolf Steinberg* (Fn. 65), S. 501 f.; zu den demokratischen Anforderungen im Rahmen dieser Verfahren *Andrew Arato* (Fn. 29), p. 191, 205, 224 ff.

[68] Vgl. auch BVerfGE 1, 14, 61; *Erich Tosch* (Fn. 22), S. 82; Hinweis auf besonderen Formen der Repräsentation bei der Verfassungsgebung auch bei *Horst Dreier* (Fn. 5), Präambel Rdnr. 66.

[69] *Alexander Hanebeck*, Der demokratische Bundesstaat des Grundgesetzes, 2004, S. 160; vgl. auch *Gerd Roellecke* (Fn. 20), S. 149 ff.; *Horst Ehmke* (Fn. 42), S. 87.

[70] *Ernst Gottfried Mahrenholz* (Fn. 29), S. 17.

[71] *Hans Kelsen*, Demokratie, in: Verhandlungen des Fünften Deutschen Soziologentages vom 26. bis 29. September 1926 in Wien, 1927, S. 37, 58 f.: „Und so wie im primitiven Zustand des Totemismus die Clangenossen sich gelegentlich bei gewissen orgiastischen Festen die Maske des heiligen Totemtieres, d.i. des Urvaters des Clans, vornehmen, um für eine kurze Zeit, selbst den Vater spielend, alle Bande sozialer Ordnung abzustreifen, so bekleidet sich das normunterworfene Volk in der de-

und Sollen lediglich in der logischen, oder besser: politisch-theologischen, Sekunde des souveränen revolutionären Akts ex nihilo zueinanderfinden, lässt sich die rechtliche Situation des Citoyen nur in dieser Sekunde monistisch – als Teil des Volkssouveräns – beschreiben, unmittelbar danach beginnt mit dem Prozess der Verrechtlichung auch notwendig derjenige der Ausdifferenzierung zwischen Normurheber und Normunterworfenem[72]. Archaisch-romantisierende Vorstellungen von der Demokratie als „Identität von Regiereden und Regierten"[73] müssen folglich ihr Heil jenseits des Rechts suchen, etwa in der leibhaftigen Akklamation[74], letztlich also unverfasst bleiben. *Horst Ehmke* hat bereits früh darauf hingewiesen, dass der Vorgang der Verfassunggebung selbst einen Prozess im Ringen nach Kompromissen darstellt und folglich mit dem Bild der Dezision nur unzureichend umschrieben erscheint: „Der Vorgang der Verfassungsgebung ist vielmehr durch den Kampf und die Einigung bzw. den Ausgleich verschiedener Vorstellungen und Kräfte, aber auch durch die Ausschaltung von – wenn vielleicht auch unbedeutenden – Minderheitsgruppen gekennzeichnet. Nur auf diese Weise kann die verfassunggebende Gewalt des Volkes aktualisiert und nur in diesem Sinne davon gesprochen werden, dass ein Volk sich eine Verfassung gibt. Das Entscheidende der Verfassungsgebung liegt also gerade darin, dass sie verschiedene Gruppen und Kräfte zu einem politischen Gemeinwesen zusammenordnet."[75] Der „Wille" des Volkes wird zum Ergebnis eines Aushandlungsprozesses politischer Kompromisse.

b) Keine darüber hinaus gehende inhaltliche Rechtsbindung

Darüber hinaus existieren keine inhaltlichen *rechtlichen* Bindungen der verfassunggebenden Gewalt[76].

---

mokratischen Ideologie mit dem Charakter unveräußerlicher, nur der Funktion nach übertragbarer und auf die Gewählten immer wieder neu zu übertragender Autorität. Auch die Lehre von der Volkssouveränität ist - wenn auch sehr verfeinert und vergeistigt - eine totemistische Maske."

[72] Vgl. in anderem Zusammenhang auch *Christian Waldhoff/Holger Grefrath* (Fn. 9), Art. 54 Rdnr. 46.

[73] *Carl Schmitt,* Verfassungslehre, 1928, S. 234 ff.

[74] Ebd. S. 83.

[75] Verfassungsänderung (Fn. 42), S. 86 f.; ähnlich *Hasso Hofmann* (Fn. 61), S. 61; *Friedrich Müller,* Die Einheit der Verfassung, 1979, S. 152 f.

[76] *Angela Augustin,* Das Volk der Europäischen Union, 2000, S.300 ff. Im Ansatz widersprüchlich *Theodor Maunz,* in: Maunz/Dürig, Grundgesetz. Kommentar, Loseblattsammlung, Stand des Gesamtwerks: 54. Lfg. Januar 2009, Präambel Rdnr. 12: „Für sie [die verfassunggebende Gewalt] kann es keine vorausgehende Gebundenheit geben. ... Sie ist nur überstaatlichen Menschenrechten unterworfen." Dass es sich nicht nur um sprachliche Ungenauigkeiten, sondern um einen Denkfehler handelt wird dann deutlich, wenn der Autor das „revolutionäre Element" der verfassunggebenden Gewalt verneint, „denn das Grundgesetz selbst lässt die Ausübung der verfassunggebenden Gewalt ... zu". (Ebd., Rdnr. 13).

Eine „Ewigkeitsgarantie" in einer geltenden Verfassung als Rechtsnorm kann das Faktum der fehlenden inhaltlichen Bindung schon deshalb nicht verändern, weil diese wie jegliche Verfassungsnorm unter dem Vorbehalt der verfassunggebenden Gewalt steht[77]: „Eine neue Verfassung zu schaffen ist tatsächlich möglich, aber nicht *verfassungsrechtlich* vorgesehen. Die Möglichkeit der Verfassungsablösung ist eine Frage der Staatslehre, nicht des Staatsrechts."[78] Die historisch durch das Trauma der scheinlegalen Machtergreifung der Nationalsozialisten erklärbare[79], in der Sache jedoch übertriebene deutsche Fixiertheit auf „änderungsfeste Verfassungskerne" verwechselt häufig diese Sphären, erweist sich zudem als trügerische Sicherheit und stößt an die Grenzen des Demokratieprinzips: „Rechtstheoretisch schon muss festgestellt werden, dass kein Grund ersichtlich ist, warum eine staatliche Gemeinschaft nicht dazu frei sein soll, auch die Grundlagen ihrer Staatsorganisation konsensuell zu verändern, ohne damit einen Rechtsbruch zu vollziehen und sich eine ‚neue' Verfassung zu geben."[80]

Bindungen an ein „Naturrecht" oder an sonstiges überpositives Recht verbieten sich von selbst[81]. Der naturrechtliche Kurs in der Rechtsprechung und der Rechtswissenschaft der Nachkriegszeit[82] ist beendet[83]. Sofern die Bindung an

---

[77] Vgl. nur *Hasso Hofmann* (Fn. 61), S. 60 f.; *Dietrich Murswiek* (Fn. 20), S. 136 f., 160, 170; *Erich Tosch* (Fn. 22), S. 80; insofern fast schon zirkulär, wenn *Klaus Stern* (Fn. 55), S. 150 f., eine Rechtsbindung in Bezug auf „oberste, allgemein anerkannte Rechtsprinzipien, … auf die wichtigsten unserer Rechtskultur gemeinsamen Grundsätze" postuliert, die er wiederum in Art. 79 Abs. 3 GG zu finden glaubt. A.A. in Bezug auf die h.M. *Udo Steiner* (Fn. 19), S. 223 f.; differenziert *Brun Otto Bryde*, Verfassungsentwicklung, 1982, S. 246 ff.

[78] *Martin Kriele*, Das demokratische Prinzip im Grundgesetz, VVDStRL 29 (1971), S. 46, 59.

[79] Vgl. etwa als Äußerung eines Schweizer Autors im Angesicht der Katastrophe des Zweiten Weltkriegs *Werner Kägi*, Die Verfassung als rechtliche Grundordnung des Staates, 1945, S. 57: „Die abendländische Situation der Gegenwart hat es deutlich gemacht: das Verfassungsrecht als normative Ordnung steht und fällt mit seinen dauernden Grundwerten. Die Frage nach den Normen, die auch das ‚pouvoir constituant' binden … wird unausweichlich in einer Zeit, wo der Staatsrechtslehre vielerorts nur noch die Alternative bleibt, entweder weiter ‚positivistisch' zu bleiben … oder aber eine materiale Staatsrechtslehre zu entwickeln."

[80] *Karl Doehring*, Allgemeine Staatslehre, 3. Aufl., 2004, Rdnr. 305.

[81] Vgl. auch *Klaus Stern* (Fn. 55), S. 150.

[82] Zur „naturrechtlichen" Phase der frühen Rechtsprechung in der Bundesrepublik siehe *Jörg Requate*, Der Kampf um die Demokratisierung der Justiz. Richter, Politik und Öffentlichkeit in der Bundesrepublik, 2008, S. 43 ff.
Hinsichtlich der Legitimation der Verfassung vgl. etwa BVerfGE 1, 14, 61: „Eine verfassunggebende Versammlung hat einen höheren Rang als die auf Grund der erlassenen Verfassung gewählte Volksvertretung. Sie ist im Besitz des ‚pouvoir constituant'. Sie schafft die neue, für den werdenden Staat verbindliche, mit besonderer Kraft ausgestattete Verfassungsordnung. Mit dieser besonderen Stellung ist es unverträglich, dass ihr von außen Beschränkungen auferlegt werden. Sie ist nur gebunden an die jedem geschriebenen Recht vorausliegenden überpositiven Rechtsgrundsätzen …";

„Werte" postuliert wird[84], kann dies nur überzeugen, falls dies als Verweis auf die politischen und gesellschaftlichen Bedingungen gemeint ist[85]. Die Anrufung Gottes und der Menschen in der Präambel des Grundgesetzes statuiert eine Bindung der konstituierten, verfassten Gewalt; sie verbalisiert eine politisch-historische Verpflichtung des Verfassungsgebers; kann jedoch keine Rechtsbindung des *pouvoir constituant* durch die Aufnahme in den Verfassungstext hervorbringen. Eine frühe Formulierung dessen findet der bekannte Art. 16 der déclaration des droits des l'hommes et du citoyen: „Eine jede Gesellschaft, in der weder die Gewährleistung der Rechte zugesichert noch die Trennung der Gewalten festgelegt ist, hat keine Verfassung." In dieser ihrem Anspruch nach „menschheitsweit bedeutsamen Erklärung des französischen pouvoir constituant"[86] mag eine gemeinsame kulturelle Überlieferung westlicher Verfassungsstaaten liegen[87], eine Art *ordre public* westlicher Verfassunggebung. Auch das Grundgesetz stellt sich durch Art. 1 Abs. 2 in die historische Entwicklung der Menschenrechte[88]. Als juristisch valide Grenze der verfassunggebenden Gewalt haben diese an konkrete politische Lehren und universelle Rechtsentwicklungen anknüpfenden Postulate keine Wirksamkeit entfalten können. Eine entsprechende Rechtsbindung der verfassunggebenden Gewalt vermag auch theoretisch nicht zu befriedigen.

Ebenso sind – trotz andersgerichteter Bemühungen – zumindest in der Gegenwart auch keine völkerrechtlichen Bindungen der verfassunggebenden Gewalt anzuerkennen[89]. Völkerrechtsverletzende Akte der verfassunggebenden Gewalt sind schon deshalb „gültig", weil das Völkerrecht zwar Sanktionen kennt,

---

im Rahmen der Befugnis des Bundesverfassungsgerichts auch das Grundgesetz „an welchen Normen auch immer" zu überprüfen wird in „antipositivistischer" Stoßrichtung die Bindung des Verfassungsgebers an überpositives Recht ausdrücklich bejaht BVerfGE 3, 225, 230, 232 ff.; deutlich auch die frühe Rechtsprechung des Bayerischen Verfassungsgerichtshofs, vgl. nur Entscheidungen n.F. 2 II 45; 3 II 47; 11 II 133; vgl. dazu kritisch *Friedrich Müller* (Fn. 75), S. 16, 51 f.

[83] Darstellung und Kritik bei *Erich Tosch* (Fn. 22), S. 24 ff., 81.

[84] *Theodor Maunz* (Fn. 76), Präambel Rdnr. 14.

[85] Treffend *Dietrich Murswiek* (Fn. 33), Präambel Rdnr. 105: „Die Bindung an naturrechtliche Normen ist aber, solange diese nicht positiviert sind, keine rechtliche sondern eine moralische Bindung."; *Christian Starck*, in: v. Mangoldt/Klein/Starck, Kommentar zum Grundgesetz, Bd. 1, 5. Aufl., 2005, Präambel Rdnr. 14.

[86] *Hasso Hofmann* (Fn. 61), S. 52.

[87] Weitergehend *Peter Häberle* (Fn. 60), S. 54, 86 ff.

[88] Vgl. etwa *Christian Waldhoff*, Die innerstaatlichen Grundrechte als Maßstab der Außenpolitik? In: Isensee (Hrsg.), Menschenrechte als Weltmission, 2009, S. 43, 73 ff.; weitergehende Bedeutung misst *Matthias Herdegen*, in: Maunz/Dürig, Grundgesetz. Kommentar, Loseblattsammlung, Stand des Gesamtwerks: 54. Lfg. Januar 2009, Art. 1 II Rdnr. 36 ff., dieser Bestimmung zu.

[89] A.A. differenziert etwa *Dietrich Murswiek* (Fn. 33), Präambel Rdnr. 106; *Jörg Menzel* (Fn. 65), S. 140 f.

grundsätzlich jedoch nicht die Nichtigkeit oder Vernichtbarkeit völkerrechtswidriger Akte anerkennt[90]. Der Staat – und damit auch dessen Verfassung –
liegt der Völkerrechtsordnung gleichsam voraus, da es sich im Wesentlichen um
die Subjekte des Völkerrechts handelt, auf dem dieses aufbaut. Das Völkerrecht
erfasst im Grundsatz nur die Staaten „in ihrem nach außen gerichteten Dasein"[91]. Die so skizzierte *domaine réservé* kann man auch als die völkerrechtlich
anerkannte Verfassungsautonomie der Staaten bezeichnen[92]. Daher ist die innere
Verfasstheit, die Legitimität der Staatsgewalt grundsätzlich keine Frage von
völkerrechtlichem Belang: „Die Existenz des Staates i.s. des Völkerrechts, also
namentlich auch seine Bindung an das Völkerrecht, ist unabhängig von der Beschaffenheit seiner inneren Ordnung. In der Gegenwart hat zwar die Staatsgewalt das Bedürfnis, sich durch ihre Übereinstimmung mit dem Volkswillen zu
legitimieren. Aber es gibt auch in der Gegenwart Herrschaftssysteme, deren Legitimität, an diesem Maßstab gemessen, zweifelhaft erscheint. Das Völkerrecht
mischt sich darin nicht ein."[93] Effektivität tritt im Völkerrecht somit grundsätzlich an die Stelle von Legitimität. Es ist zudem nicht ersichtlich, dass sich in
diesen zentralen Fragen, die mehr die Voraussetzungen, denn den Inhalt von
Völkerrecht betreffen, *ius cogens* gebildet hätte[94]. Selbst wenn man bestimmte
Menschenrechte oder die regelmäßige Abhaltung demokratischer Wahlen für
völkerrechtlich garantiert hält, kann der Grundwiderspruch, der darin besteht,
dass wohl nur eine Minderheit von Staaten diesen Voraussetzungen tatsächlich
der Sache nach genügt, gleichzeitig aber die Funktionsfähigkeit des Völkerrechts universell erhalten bleiben muss, kaum aufgelöst werden.

III. Verfassung, Verfassungsgesetz und Staat zwischen Roman und Regierung

Die verfassunggebende Gewalt hat sich – zumindest für den demokratischen
Verfassungsstaat westlicher Prägung – als die verfassungstheoretische Erklärung des Zusammenfallens von Herrschaftslegitimation und Rechtsgeltung erwiesen[95]. Sie stellt die der Rechts- und damit auch der Verfassungsordnung vor-

---

[90] *Walter Jellinek* (Fn. 20), S. 5 f.; *Erich Tosch* (Fn. 22), S. 80 f.
[91] *Georg Dahm/Jost Delbrück/Rüdiger Wolfrum*, Völkerrecht I/1, 2. Aufl., 1989, S. 131.
[92] *Alfred Verdross/Bruno Simma*, Universelles Völkerrecht, 3. Aufl., 1984, § 381.
[93] *Georg Dahm/Jost Delbrück/Rüdiger Wolfrum* (Fn. 91), S. 132.
[94] Differenziert a.A. *Dietrich Murswiek* (Fn. 33), Präambel Rdnr. 106.
[95] Es handelt sich dabei um einen weiteren Fall, rechtsphilosophische oder rechtsmethodologische
Erkenntnisse – hier die Rechtsgeltungslehren in einer bestimmten Anwendung – an die Verfassung
rückzubinden, aus der Verfassung heraus zu konstruieren oder zu bestimmen; vgl. insoweit das Er-

gelagerte Bezugnahme auf die politisch-historischen Verhältnisse, die zur Verfassunggebung führten, dar, ohne selbst zu einem Satz des geltenden Verfassungsrechts zu werden. Bezugnahmen in Verfassungsgesetzen müssen so deklaratorisch bleiben, Rechtsbindungen dieser Gewalt sind theoretisch nicht möglich. Ihre Hauptfunktion findet diese Figur – eine konkrete geschichtliche Gestaltung aufnehmend – in ihrer Ausprägung als verfassunggebende Gewalt des Volkes im Sinne einer demokratischen Begründung der Verfassungsgeltung. Zugleich kann so die Unterscheidung zwischen Verfassung und einfachem Recht erklärt werden. Demokratische Verfassunggebung dient zugleich der Begründung wie der Begrenzung von Staatsgewalt.

Die verfassunggebende Gewalt lebt damit in der Tat – wie eingangs bereits formuliert – von der Vorstellung, dass im revolutionären Akt in vollendeter Faktizität die neue Verfassung *als Idee* des kommenden Staates geboren ist. Die Idee der Verfassung gibt dem amorphen Gebilde „Staat" *zugleich* Form *und* Inhalt. Die Unterscheidung von Verfassung und Verfassungsgesetz im Sinne *Carl Schmitts* findet hierin – und nur hierin – ihre fortdauernde Berechtigung: Sie stellt ein analytisches Raster zur Erfassung von Vorgängen der Verfassungsgebung dar; historisch wie typologisch können so verschiedene Szenarien dargestellt und verstanden werden. Nochmals Napoleon aufnehmend: Die Verfassung im engen Sinne *Carl Schmitts* liefert den Roman, die große Erzählung. In den Alltag des Regierens wird der Roman aber erst und ausschließlich durch das Verfassungsgesetz getragen.

---

staunen *Hasso Hofmanns* (Fn. 61), S. 30, dass die Frage des Verhältnisses von Legitimität und Rechtsgeltung kaum reflektiert werde; ebd., S. 47, 49.

Romulus und Remus - Wie wurde man Römer?

Alexander Demandt

Am 24. August 410 eroberte der Gotenkönig Alarich die Stadt Rom. Ein Aufschrei des Entsetzens ging durch die antike Welt. Wie konnte die *Urbs aeterna*, die Mutter der Völker, der Mittelpunkt des Erdkreises zur Beute wilder Barbaren werden? Die Antwort der Altgläubigen lag auf der Hand. Die Kaiser hatten sich seit Constantin und Theodosius dem Christentum zugewandt und die römischen Götter verraten, die Rom groß gemacht, beschützt und der Stadt ewige Dauer verheißen haben.

Dagegen wandte sich Augustin, Bischof von Hippo in Nordafrika mit seinem monumentalen Werk *De Civitate Dei*. Er erklärte die alten Götter für Fiktionen und das Imperium Romanum für einen Schurkenstaat, dem keine Träne nachzuweinen sei. Diese provokante Behauptung stützte er ironischerweise mit der Sage von der Gründung Roms, die er den heidnischen Autoren selbst entnahm. Tatsächlich unterscheidet sich diese Erzählung vom Staat als eine durchaus ambivalente Legende von anderen mythischen oder historischen Gründungstraditionen, die doch stets dem Ausdruck des Stolzes und der Selbstvergewisserung dienen. Denken wir an die Juden mit dem Auszug aus Ägyptenland, an die Griechen mit dem Trojanischen Krieg oder auch an die Spanier mit der Reconquista, an die Schweizer mit Wilhelm Tell, an die Franzosen mit der Jeanne d'Arc, an die Amerikaner mit ihrer Mayflower oder an die Deutschen mit ihrem Arminius.

Anders als diese lupenrein heroisch gehaltenen Ursprungsmythen ist der römische Mythos zweideutig. Er enthält Züge, die sich sowohl panegyrisch als auch polemisch deuten lassen. Es erübrigt sich, daran zu erinnern, daß Mythen immer nur dann politisch wirksam werden, wenn sie für Geschichte gehalten werden. So gingen Augustin und seine ungenannten Gegner selbstverständlich von der Annahme aus, daß Romulus und Remus historisch seien.

Die im Verlauf von 700 Jahren von zahlreichen griechischen und lateinischen Autoren erzählte Geschichte zeigt diverse Einflüsse und ist in verschiedenen Varianten überliefert. Die gängige Fassung besagt, daß der Urvater Roms nicht erdgeboren ist, sondern heimatvertriebener Immigrant war. Vergil erzählt in seinem Nationalepos, wie Äneas, ein Sohn Aphrodites, aus dem brennenden Troja flüchtete und nach langer Irrfahrt in Karthago landet. Nach dem Liebesabenteuer mit der Königin Dido fährt er auf Geheiß des Götterkönigs Juppiter nach Italien. Hier lebten die *Aborigines*, wie man heute die Australneger bezeichnet – im Unterschied zu den europäischen Nachkommen der britischen Strafkolonie. Äneas gründet in Latium die Stadt Lavinium. Die von ihm oder seinem Nachkommen Numitor abstammende Rhea Silvia wird als Vestalin vom Kriegsgott Mars geschwängert und gebiert die Zwillinge Romulus und Remus. Sie werden auf einer Wanne im Tiber ausgesetzt, ähnlich wie der neugeborene Moses auf dem Nil. Und so wie dieser werden die Zwillinge auf wunderbare Weise gerettet. An Land gespült, werden sie zunächst von einer Wölfin genährt, ähnlich wie nach griechischer Tradition der junge Telephos von einer Hündin gesäugt wurde, um später Pergamon zu gründen. Die Szene ist auf dem Berliner Pergamon-Altar zu sehen.

Auch das Motiv mit der Lupa wurde öffentlichkeitswirksam in Erinnerung gehalten, und zwar durch zwei Denkmäler von bronzenen Wölfinnen, die wir aus der antiken Literatur kennen. Die eine von ihnen stand vor dem Lupercal, der Wolfshöhle am Fuße des Palatins nahe dem Tiberufer, wo die Zwillinge gelandet sein sollen. Die Skulptur stammt vermutlich aus dem 4. Jahrhundert v, Chr., denn im Jahre 295 v. Chr. fügten die Ädilen Figuren der Zwillinge hinzu, die aus den Strafgeldern überführter Wucherer bezahlt wurden, wie Livius (X 23) berichtet. Die Verwendung von Strafgeldern für die Herstellung von Kunstwerken kennen wir aus Griechenland, insbesondere aus Olympia, wo Sportsünder so geahndet wurden. Vom Lupercal nahmen die Lupercalia ihren Ausgang, eines der höchsten Staatsfeste Roms, das, angeblich von Romulus und Remus gestiftet, am 15. Februar stattfand und noch zum Jahre 494 n. Chr. erwähnt wird, ehe es durch den Papst in das Fest Maria Lichtmeß christianisiert und auf den 2. Februar verlegt wurde.

Die zweite Bronzewölfin, ebenfalls mit Zwillingen, stand auf dem Kapitol. Hier wurde sie, wie Cicero (De divinatione I 20) überliefert, im Jahre 65 v. Chr. vom Blitz getroffen. Es handelt sich höchst wahrscheinlich um die *Lupa Capitolina*, die sich heute im Konservatorenpalast befindet. Denn das Tier hat an den Hinterläufen Risse von Hitzeeinwirkung, die auf jenen Blitzschlag zurückgeführt werden. Diese Lupa galt als *Mater Romanorum* und stand im Mittelalter als Gerichtssymbol vor dem Lateranspalast. Es gibt allerdings auch die Auffassung, daß die kapitolinische Wölfin ein nachantikes Werk sei, inspiriert durch die römische Tradition. Wir besitzen zahlreiche römische Abbildungen der Wölfin mit den Knaben aus der Stadt wie aus den Provinzen: Reliefs, Mosaiken und

Münzbilder, so auf Denaren schon im frühen 3. Jahrhundert v. Chr. und noch auf Medaillons im späten 4. Jahrhundert n. Chr. – Darstellungen, die bis in die Spätantike für die Popularität der Sage sorgten. Die Zwillinge unter der kapitolinischen Wölfin haben sich nicht erhalten, sie wurden in der Renaissance, wahrscheinlich von Pollaiuolo um 1490 hinzugefügt.

Der positiven Bezugnahme auf die Wölfin als Totemtier Roms steht eine negative gegenüber, die von den Feinden Roms genutzt wurde, erst von den Griechen (Justin XXXVIII 6,7), dann von den Italikern und schließlich von den Kirchenvätern. Man sah in der Wahlverwandtschaft mit dem Tier den wölfischen, blutgierigen Raubtiercharakter der Römer gespiegelt oder schloß aus der Doppelbedeutung des Wortes *lupa*, daß die Gründerväter von einer Hure abstammten (Lact., Inst. I 20).

Die von der Wölfin gesäugten Zwillinge wurden nach der Überlieferung so wie Telephos von einem Hirten großgezogen. Sie gründeten auf dem palatinischen Hügel eine Stadt, die Romulus aufgrund eines Vogelzeichens von zwölf Geiern nach sich benannte. Da auch Remus ein Augurium erhalten hatte, zwar nur sechs Geier, aber als erster, wurde er um die Herrschaft betrogen (*regno fraudatus*, Origo 23,4). Als Geburtstag Roms, *natalis urbis*, galt der 21. April, an dem Jahr für Jahr die Parilia mit 24 Wagenrennen gefeiert wurden. Das Fest ist bis 444 n. Chr. bezeugt.

Stolzes Symbol für den Aufstieg Roms aus kleinsten Anfängen zur Herrin der Welt war eine Hütte, eine strohgedeckte Casa Romuli, seltsamerweise auf dem Kapitol. Sie kannte Vitruv (35,21) noch unter Augustus. Als er noch Octavian hieß, spielte er eine zeitlang mit dem Gedanken, den Namen „Romulus" anzunehmen, bevor er sich 27 v. Chr. für „Augustus" entschied (Sueton, Aug. 7). Zu seinem 2000. Geburtstag ließ Mussolini die Hütte auf dem Palatin rekonstruieren. Die 1937/38 von ihm zelebrierte „Augustus-Ausstellung zur Verherrlichung des Römischen Weltreiches", die *Mostra Augustea della Romanità*, widmete einen ganzen Saal dem Ursprungsmythos Roms, allerdings ohne die – auch in der Antike niemals abgebildete – Bluttat, den Brudermord des Romulus an Remus. In der Sage baut Romulus eine Mauer, über die Remus spottet, woraufhin ihn Romulus erschlägt. Auch hierin sahen Spätere einen Fluch, der die römischen Bürgerkriege erklärte – so Horaz in seiner 7. Epode.
Um sodann Bürger für seine Gründung zu gewinnen, eröffnete Romulus eine Freistatt für Zuwanderer aller Art. Hier versammelte sich nun mancherlei Gesindel, Livius (I 8,5) spricht von einer *turba sine discrimine*, sowohl Freie als auch entlaufene Sklaven hätten sich hier eingefunden, abenteuerlustige Männer,

avidi novarum rerum. Die Kirchenväter, so Tertullian (Ad nationes II 9), Cyprian (Quod idola dii non sint 5), Minucius Felix (Octavius 25,2), Lactanz (Divinae institutiones I 15,29 f) und Augustin (Civ. I 34; IV 5) haben in ihrer Polemik gegen Rom aufgrund dieser Sage die Anhänger des Romulus als eine Räuberbande und die Römer überhaupt als ein Volk von Verbrechern gebrandmarkt. Die Formulierung bei Livius schließt ja Kriminelle unter den Männern des Romulus nicht aus. Sein Werk ist *notabene* die kanonische Geschichte Roms, unter Augustus entstanden.

Die ersten Römer auf dem Palatin hatten keine Frauen. Darum inszenierte Romulus den Raub der Sabinerinnen. Er wurde nach kurzem Kampf mit deren Vätern und Brüdern durch die Frauen beendet und mit einem Vertrag besiegelt. An diesen Gewalttakt erinnerte das angeblich von Romulus gestiftete Fest der *Consualia*, das noch in der Kaiserzeit jährlich zweimal, am 21. August und am 15. Dezember mit Pferde- und Wagenrennen gefeiert wurde und erst in christlicher Zeit verschwand.

Romulus herrscht nun als der erste König Roms, feiert den ersten Triumph, weiht Juppiter die ersten *spolia opima* über einen im Zweikampf besiegten feindlichen Fürsten, führt siegreiche Kriege und verschwindet schließlich geheimnisvoll in einem Unwetter. Daran erinnert das jeweils am 7. Juli begangene Fest der *Nonae Caprotinae*. Eine wenig patriotische Umdeutung des Verschwindens besagt, die Senatoren hätten Romulus hinter verschlossenen Türen der Curia getötet, zerstückelt und die Teile heimlich unter ihren Mänteln verborgen hinausgetragen, um behaupten zu können, Romulus sei in den Himmel aufgestiegen. Diese bösartige Variante stammt aus dem ideologischen Kampf der Popularen gegen die Optimaten im 1. Jahrhundert v. Chr. Eine ähnliche Umdeutung hat ja gemäß Matthäus (28,11 ff) auch die Auferstehung Jesu durch die Juden erfahren. Wie Jesus ist auch der postmortale Romulus seinen Leuten wieder erschienen. Nach dem Bericht eines Augenzeugen, dem er begegnete, wurde er in einen Gott verwandelt. Als solchen hat ihn der Senat bestätigt und unter dem Namen Quirinus verehrt. Sein Fest waren die Quirinalia, sie fanden am 17. Februar statt. Daneben wurde auch der Geburtstag des Quirinus am 3. April begangen, ebenfalls mit 24 Rennen im Circus Maximus.

Der Tempel für Romulus-Quirinus, 293 errichtet und von Augustus prachtvoll erneuert, stand auf dem Quirinal. Zwölf hochrangige Priester betreuten ihn. Sie führten die Prozession beim Fest der *Robigalia* am 21. August. Die Zahl der Feste für den Stadtgründer erhöht sich damit auf sieben. Wenn auf dem Forum Romanum der mysteriöse *Lapis Niger* als das Grab des Romulus gedeutet wurde, so ist das eine jener Ungereimtheiten, die in der Religionsgeschichte ja so selten nicht sind. Der Romulusmythos war jedenfalls allgegenwärtig.

Der menschengemachte Gott Romulus konnte für den Kirchenvater Augustinus natürlich nur ein Gegenstand des Spottes sein. Den Brudermord stellt er mit dem Mord Kains an Abel welthistorisch an den Anfang der *Civitas terrena*, die er auch als *Civitas diaboli* bezeichnet. Diese Bluttat und der Raub der Sabinerinnen scheinen ihm bezeichnend für den Charakter der Römer (Civ. III 6 u. 13), und in diese Linie fügt sich die Tradition vom *asylum Romuli* glatt ein. Dionysios von Halikarnassos, der unter Augustus die griechische Herkunft der Römer betonte, läßt durchblicken, daß die romfeindliche Erzählung von der Verbrecherbande des Romulus aus dem geistigen Widerstand der Griechen gegen die Römer stammt, als diese im frühen 3. Jahrhundert v. Chr. mit den Griechen in Konflikt gerieten.

Wenn die lateinischen Autoren diese Legende vom Staat übernommen haben, mag das anfangs aus Naivität geschehen sein, wurde dann aber durch Umdeutung ein Grundbestandteil für das politische Selbstverständnis. In der Sage vom Asyl des Romulus kam ein Stolz auf die Großzügigkeit allen und allem Fremden gegenüber zum Ausdruck, wie sich in der unbefangenen Weitergabe der Erzählung bei Sallust (Catilina 6), Livius (I 8), Ovid (Fasten III 433), dem älteren Seneca (Kontroversien I 6,4) und Juvenal (VIII 272 f) erkennen läßt. Denn die Römer sahen sich nicht als Abstammungsgemeinschaft, der man durch Herkunft angehörte, so wie die Juden und die Araber sich als Enkel Abrahams bezeichneten, die Griechen sich über ihren Stammvater Hellen auf Prometheus zurückführten, und die Germanen, die sich für Nachkommen des Urmenschen Mannus hielten. Stammbäume dieser Art gab es auch in Rom, wo sich etwa Caesar von Äneas herleitete, nicht aber für den *populus Romanus*. Das Volk insgesamt verstand sich als Rechtsgemeinschaft, in die jeder aufgenommen werden konnte, der *virtus* besaß und die *mores maiorum* anerkannte; modern gesprochen: die römischen Werte akzeptierte. Unter diesen Bedingungen waren Fremde willkommen. Und das seit Urzeiten. Von den sechs sagenhaften Nachfolgern des Romulus als Könige wählten die Römer fünf aus Nachbarstämmen, mit denen sie verfeindet waren: Numa Pompilius und Ancus Marcius waren Sabiner, Tarquinius Priscus und Tarquinius Superbus Etrusker, Servius Tullius stammte aus dem feindlichen Corniculum bei Tivoli, und einzig Tullus Hostilius galt als Römer.

Das berühmteste, nun fraglos historische Beispiel für diese weltoffene, fremdenfreundliche Haltung ist die Aufnahme der *gens Claudia* in den Bürgerverband.

Diese durch ihre Klienten zahlreiche Adelsfamilie stammte aus der Sabinerstadt Regillum, kam im Jahre 504 nach Rom und zählte zu den fünf größten Patrizierfamilien. Während der Republik stellten die Claudier 28 Konsuln, 5 Diktatoren, 7 Censoren, 6 Triumphatoren und von Tiberius bis Nero in männlicher Ahnenreihe sogar die Kaiser. Ihre Nachfolger kamen aus Italien, Spanien, Nordafrika, Syrien, Arabien und den Donauländern. Kaiser Septimius Severus war dunkelhäutig, Philippus Arabs war Sohn eines Scheichs, Diocletian gebürtiger Sklave. Wer etwas leistete, konnte etwas werden.

Die klassische Formel für die römische Einbürgerungspolitik bietet Livius (IV 3,13) zum Jahre 445 v. Chr. Damals ging es um das umstrittene Eherecht, das *conubium* zwischen Patriziern und Plebejern. Durchgesetzt wurde es durch den Volkstribun Canuleius. Das von seinen patrizischen Gegnern beschworene Herkommen interpretierte er progressiv, indem er erklärte, schon immer sei es Brauch gewesen, neue Aufgaben mit neuen Mitteln zu lösen, und verwies dafür auf die fremde Herkunft einiger Könige und die der *gens Claudia*. Die Maxime lautete: *dum nullum fastiditur genus, in quo eniteret virtus, crevit imperium Romanum*; „indem keine Gruppe abgewiesen wurde, die sich durch *virtus* auszeichnete, ist das römische Reich gewachsen". Stolz vermeldet der Autor Jahr für Jahr die genaue Zahl der über 500 Jahre gewachsenen Bürgerschaft.

Wichtige Quellen für die Vermehrung der Volkszahl waren die Gründung von Bürgerkolonien, angefangen mit Ostia, und die Bürgerrechtsverleihung an Bundesgenossen. Dieses Instrument wurde ebenso differenziert wie effizient eingesetzt. Je nach der Wichtigkeit und der Verläßlichkeit einer verbündeten Stadt wurden dieser mehr oder weniger an Privilegien im römischen Staatsverband zugestanden. In Rom selbst war das einfach. Das volle Bürgerrecht wurde in der Regel durch Erbgang oder Adoption erworben. Es setzte die Zugehörigkeit zu einem Wohnbezirk (*tribus*) und einer Vermögensklasse (*centuria*) voraus, umfaßte aktives und passives Wahlrecht für sämtliche Staatsämter, sodann den Schutz gegen Beamtenwillkür durch den Volkstribun, später durch den Kaiser als Inhaber der *tribuncia potestas*, weiterhin das Recht auf Grunderwerb, auf gültige Ehe, Geschäftsfähigkeit und die Wehrpflicht in den Legionen. Es gab verschiedene Formen des verminderten Bürgerrechts; unter ihnen spielten das *ius Latii* und das *ius Italicum* eine besondere Rolle. Vielfach wurde die den Vollbürgern zustehende Befreiung von der Kopfsteuer ausgeklammert; Neubürger waren steuerpflichtig. Rechte und Pflichten in der Heimatstadt, lateinisch *patria*, griechisch *patris*, blieben erhalten.

Die Vermehrung der Bürger vollzog sich weitgehend durch die Freilassung von Sklaven. Anders als in allen anderen antiken Gesellschaften galt in Rom die ungewöhnlich liberale Regel, daß jeder freigelassene Sklave sofort *civis Romanus* mit nur leicht verminderten Rechten wurde und nicht etwa wie in Athen bloß freier Fremder, *peregrinus*. Tatsächlich handelte es sich bei den Freigelassenen in Rom fast ausnahmslos um Ausländer, zumeist um Kriegsgefangene, um Griechen, Orientalen und nördliche Barbaren. Die Freilassung lag im Belieben des Herrn. Herkunft und Hautfarbe des Sklaven, Vorleben und Charakter, Religion und Sprache spielten keine Rolle. Ein Volksbeschluß über die Aufnahme des Neubürgers war nicht erforderlich, wohl aber die Gegenwart des Prätors oder eines entsprechenden Munizipalbeamten, später auch des Bischofs zur Registrierung der *manumissio*.

Wie uns Inschriften verraten, zählten die Freigelassenen nach Zehntausenden. Sie besaßen in der Regel kein Land, aber dominierten in den handwerklichen Berufen. Das großzügige römische Aufnahmeverfahren machte in der griechischen Welt Eindruck. Wir besitzen einen inschriftlich erhaltenen Brief des Makedonenkönigs Philipps V aus dem Jahre 214 an die thessalische Stadt Larissa, in dem er ihr befiehlt, die dortigen Fremden einzubürgern und den Nutzen einer solchen Maßnahme mit dem Verweis auf die Praxis der Römer begründet, wo sogar freigelassene Sklaven Vollbürger seien.

Angesichts der mit der *civitas Romana* verbundenen Vorrechte gab es immer wieder einmal Widerstand gegen eine weitere Vermehrung der Bürger. Im Jahre 123 v. Chr. beantragte der Volkstribun Gaius Gracchus die Verleihung des Bürgerrechts an die verbündeten Italiker. Er scheiterte am Widerstand der Senatspartei. Als der Volkstribun Livius Drusus im Jahre 91 v. Chr. ein zweites Mal versuchte, den italischen Bundesgenossen das Bürgerrecht zu verschaffen, wurde er ermordet. Daraufhin kam es zum Krieg. Die *socii*, die ja zu Aushebung und Kontribution verpflichtet waren, wollten Bürger werden und griffen dafür zu den Waffen. Als es nicht gelang, die Empörer niederzuwerfen, kam es in Rom zu einem Gesetz, daß alle, die sich ohne Waffen binnen sechzig Tagen in Rom meldeten, in die Bürgerlisten eingetragen würden (Cicero, Pro Archia 4,7). Das wirkte. Im Jahr 89 war praktisch ganz Italien südlich des Po ein Bürgerverband.

In großem Umfang haben die römischen Feldherren der späten Republik das erbliche Bürgerrecht verliehen. Ausgediente Krieger der leichtbewaffneten Hilfstruppen, der *auxilia*, erhielten es durch Militärdiplome auf Bronzetafeln, die zahlreich erhalten blieben. Kopien auf Papyrus kamen ins Staatsarchiv, ins

Tabularium auf dem Kapitol. Massenhafte Bürgerrechtsverleihung vernehmen wir namentlich für Cornelius Sulla, der seine Veteranen zu Corneliern machte, und für Julius Caesar, der zahlreiche transalpine Gallier und die Kelten Norditaliens einbürgerte. Diese Politik war nicht ganz uneigennützig. Denn die Beschenkten konnten nun in den schwerbewaffneten Legionen dienen, traten in die Klientel des Heerführers ein und gaben ihm als ihrem Patron bei den Wahlen und Gesetzesvorlagen in Rom ihre Stimme. Das damit entstehende politische Gefolgschaftswesen war ein wesentlicher Grund für den Übergang der Republik in die Monarchie.

Unter den Kaisern entfiel dieses letztere Motiv, weil keine Wahlen mehr stattfanden, doch wurde die Politik fortgeführt, um Anhänger für die römische Staatsidee zu gewinnen. Bedacht wurden prominente Bürger der Städte im Reich, nicht nur die höchsten Magistrate, sondern ebenso Ärzte, Rhetoren, Philosophen und Kaufleute, darunter die Eltern oder Vorfahren des Paulus. Das lehrt die Apostelgeschichte (16,37), wo sich Paulus schlicht als „Römer" bezeichnet, dem Rechtsschutz zusteht. Wie alle Reichsangehörigen besaß der Apostel eine mehrfache Identität, da er von der Herkunft Jude, vom Bekenntnis Christ, von der Sprache Grieche und vom Staatsrecht her Römer war, gemeldet in Tarsos (Apg. 22,25 ff). Wie uns die Apostelgeschichte (22,28) weiter belehrt, konnte man das Bürgerrecht auch gegen Geld, vermutlich durch Bestechung erwerben. Verlangt wurde die Kenntnis des Lateinischen. Mehrfach erhielten auch Fürsten verbündeter Stämme das Bürgerrecht, namentlich dann, wenn sie Kriegsdienst leisteten. Der bekannteste Fall ist Arminius, der Sieger im Teutoburger Wald. Er besaß sogar den Rang eines *eques Romanus*, eines römischen Ritters, die Vorstufe zur Senatorenwürde.

Es gab auch gegenläufige Tendenzen, doch hielten die nicht an. So hat Augustus die Einbürgerung gebremst. Mit Rücksicht auf die Stimmung in Rom hat er dreihundert von Caesar ernannte Senatoren aus Gallien wieder aus dem hohen Hause entfernt und zudem vor unbedachter Sklavenbefreiung gewarnt (Dio LVI 33). Trotzdem hat Augustus mit der Masseneinbürgerung von Germanen begonnen. Sein Freund und Feldherr Agrippa übernahm als Statthalter am Niederrhein im Jahre 38 v. Chr. den gesamten Stamm der Ubier, die von ihren Nachbarn bedrängt wurden, holte sie über den Rhein ins Reich. Ihr Hauptort, die *Civitas Ubiorum* wurde 50 n. Chr. die *Colonia Claudia Ara Agrippinensium*, CCAA, das heutige Köln. Außerdem gehörten den Ubiern die Städte Bonn, Andernach, Remagen, Jülich, Neuss und andere. Die Ubier lernten in der Armee Latein und wurden Römer. Später kamen Sweben und Sugambrer hinzu. Tiberius machte 40 000 Germanen links des Rheins, Nero 100 000 Barbaren rechts der Donau ansässig. Diese Politik setzte sich bis in die Spätantike fort. Nicht immer ist es klar, ob es sich um Bittflehende oder um Kriegsgefangene handelt. Letztere wurden nicht mehr in die Sklaverei verkauft, sondern angesiedelt, um Abgaben zu entrichten und Wehrdienst zu leisten.

Die Kaiser kompensierten damit in gewisser Weise den innerrömischen Bevölkerungsschwund, der wie überall in der Geschichte mit wachsendem Wohlstand einherging und über ein halbes Jahrtausend hindurch von zeitkritischen Autoren beschrieben und beklagt wurde. Am stärksten waren die Reichsten betroffen. Bereits im 2. Jahrhundert v. Chr. ist von staatlichen Belohnungen für zeugungsfähige Väter die Rede, schon damals wurde Ehezwang für Senatoren gefordert. Cicero hat das unterstützt, Caesar versprach Kindergeld. Die Ehegesetze des Augustus sodann waren schikanös: Ehepflicht penibel geregelt, Kinderzahl vorgeschrieben, Ehelosigkeit und Ehebruch Offizialdelikte. Sanktionen waren Vermögensstrafen, Verbannung, Theaterverbot, öffentliche Herabsetzung.

Um sein Familienideal dem Volk vor Augen zu führen, holte der Princeps einen Greis aus Fiesole bei Florenz und ließ ihn bei einem Opferfest im Jahre 5 v. Chr. mit seinen 72 Nachkommen aufmarschieren: es waren 8 Kinder, darunter zwei Frauen, 27 Enkel, 29 Urenkel und 8 Ururenkel (Plinius NH. VII 60). Die Familienpolitik war, wie stets, spätestens mittelfristig zum Scheitern verurteilt. Nicht einmal die Prämien für Denunzianten brachten den gewünschten Erfolg. Augustus selbst hatte nur eine sittenlose Tochter, seine kulturelle Entourage war unverheiratet: Asinius Pollio, Cornelius Gallus, Properz, Horaz und Vergil. Das *ius trium liberorum*, das Privileg für drei Kinder wurde ehrenhalber an Kinderlose vergeben – das Ganze war eine Farce. Der Nachwuchs kam von außen. Die Zahl und die Rechtslage der Nichtrömer im Römerreich verbesserten sich.

Im Jahre 48 n. Chr. unter Claudius stellte sich die Frage des vollen Bürgerrechts, des *ius honorum*, für die romanisierten Gallier. Dazu berichtet Tacitus (Annalen XI 24) von einem Rededuell im Senat, wo die Konservativen wortgewaltig gegen die Neubürger auftraten, der Kaiser aber sich für sie einsetzte. Er erinnerte die versammelten Väter daran, daß seine eigenen Vorfahren, die Claudier, als Fremde in Rom aufgenommen wurden, daß überhaupt aus ganz Italien Familienangehörige in den Senat berufen worden waren. Claudius rühmte Romulus, der Feinde zu Freunden gemacht habe, und brachte zahlreiche Beispiele für gelungene Integration und Assimilation von Fremden. Sein Vorschlag sei überhaupt keine Neuerung. Auch die älteste Sitte sei einmal neu gewesen und so werde auch, was heute neu ist, einmal alt erscheinen, und als Beispiel dienen.

Die Annalen des Tacitus kennen wir aus zwei mittelalterlichen Handschriften, von denen eine im 9. Jahrhundert im Kloster Corvey, die andere im 11. Jahrhundert wahrscheinlich in Monte Cassino entstanden ist. Beide befinden sich heute in der *Biblioteca Laurentiana* zu Florenz. Woher aber wissen wir, daß es sich nicht um eine Fälschung mittelalterlicher Mönche handelt? Die Bestätigung liefert hier, wie sonst oft, ein archäologischer Bodenfund. Das Museum von Lyon, Lugdunum, der römischen Hauptstadt Galliens, besitzt eine große Bronzetafel, die im Jahre 1528 aus der Rhône geborgen wurde (Dessau 212). Sie enthält den größten Teil der von Tacitus überlieferten Kaiserrede. Tacitus hat den Text geglättet, wie ein Vergleich zeigt, aber den Gedankengang hat er nicht verändert. An seiner Authentizität gibt es keinen Zweifel.

Claudius hat so wie auch die Kaiser nach ihm mehrere Städte mit dem Bürgerrecht beschenkt. Dabei ist zu bedenken, daß jeweils das zugehörige Umland mitbedacht wurde, denn das gesamte Imperium war flächendeckend in Stadtkreise aufgeteilt. Daß diese Politik der offenen Hand in konservativen Senatskreisen kritisch gesehen wurde, zeigt eine Passage aus der Apokolokyntosis (3,3), der köstlichen Satire Senecas auf die Apotheose des Claudius. In dieser „Verkürbissung" beschwert sich Merkur im Himmel bei der Todesparze Klotho, warum sie den Lebensfaden des Kaisers schon mit 64 Jahren abzuschneiden gedenke. Sie antwortet, eigentlich habe sie ihm noch einige Zeit gönnen wollen, damit er auch die letzten Griechen, Gallier, Spanier und Britannier noch in der Toga des römischen Bürgers sehen könne, aber man sollte doch einige Fremde für künftige Einbürgerungen übrig lassen.

Der letzte und größte Einbürgerungsschub erfolgte mit der *Constitutio Antoniniana* im Jahre 212 durch Kaiser Caracalla, den Sohn des Septimius Severus. Bei Cassius Dio (LXXVII 9), dem Zeitgenossen, lesen wir, daß der Kaiser durch einen Erlaß alle Bewohner des römischen Reiches zu Bürgern gemacht habe, um sämtliche Untertanen gleichmäßig steuerlich zu erfassen. Das Motiv ist dubios, aber die Tatsache stimmt. Caracallas Gesetz fand Eingang in die Digesten (I 5,17) des *Corpus Iuris Civilis* Justinians. Aus dem Werk Ulpians wird zitiert: *In orbe Romano qui sunt ex constitutione imperatoris Antonini cives Romani facti sunt.* „Im römischen Weltkreis wurden alle zu römischen Bürgern gemacht." Mehrere römische Autoren bestätigen diese Aussage, so die Vita des Septimius Severus bei den *Scriptores Historiae Augustae* (Vita Sev. 1), sodann Aurelius Victor (16,12) allerdings irrig in der Vita Marc Aurels, der ja gleichfalls Antoninus hieß. Gleiches lesen wir bei Augustinus (Civ. V 17), Sidonius (ep. I 6,2) und Justinian (nov. 78,5), der das Gesetz versehentlich Antoninus

Pius zuweist. Seit 212 besaßen mithin alle Einwohner der Städte latinischen oder peregrinen Rechts den Status eines römischen Reichsbürgers. Die Inschriften zeigen eine spontane Vermehrung der *Aurelii*, wie die Neubürger nach dem kaiserlichen Gentilnamen jetzt hießen. Fortan unterstanden sie alle dem römischen Recht.

Die älteste im Original erhaltene Quelle für die *Constitutio Antoniniana* ist ein 1902 in Ägypten aufgetauchter, heute in Gießen befindlicher Papyrus (Giss. I 40), der den leider etwas verstümmelten Text auf Griechisch enthält. Ein ungelöstes Problem ist die Erwähnung von *(de)deitikioi*, lateinisch *dediticii* in dem Edikt. Man versteht darunter Menschen, die sich persönlich der römischen Herrschaft unterworfen haben, und glaubt, daß diese von der Verleihung ausgenommen seien. Das aber widerspricht der literarischen Überlieferung, es sei denn, daß diese jene, vermutlich kleine Gruppe von Deditiziern übersieht, weil es sich lediglich um angeworbene Söldner aus dem Barbaricum handelt, die keiner römischen Heimatgemeinde angehörten.

Ein eigenes, wachsendes Problem bildeten die im Reich angesiedelten Germanen. Diese Peuplierungspolitik kam auch anderen Nachbarvölkern zugute, so den iranischen Sarmaten an der Donau. Die Gesetze nennen diese „Leute" germanisch *laeti* oder lateinisch *gentiles*. Ihre Ansiedlung diente einem doppelten Zweck: einerseits dazu, den wachsenden demographischen und zugleich militärischen Druck auf die Grenzen zu mindern, das *persistent hammering* (A. H. M. Jones) zu reduzieren, und andererseits dazu, unbewohnte oder dünn besiedelte Landstriche im Reich zu bevölkern oder zu *peupliren*, wie man im 18. Jahrhundert sagte.

Die Fremden erhielten Siedlungsland, waren steuerpflichtig und mußten erblich Kriegsdienst leisten. Rechtlich galten sie als Peregrine, doch konnten immer Einzelne, die Latein gelernt hatten und im Heer aufgestiegen waren, Bürger werden und Offiziersstellen bekleiden. Das war eine alte Praxis. Das Bürgerrecht war begehrt, der Erwerb durch die *honesta missio*, die ehrenhafte Entlassung nach dem Ende der Dienstzeit, diente als Anreiz auch für peregrine Reichsangehörige, ins Heer einzutreten. Das Lockmittel entfiel, seit mit Caracalla alle freien Reichsangehörigen bereits von Geburt an römische Bürger waren und hat gewiß – fraglich nur in welchem Umfang – die Bereitschaft, im Heer zu dienen, gemindert.

Das kam den allzeit kriegerischen, kinderreichen und geldgierigen Germanen zugute. Ihre Zahl im Heer nahm ständig zu. In der Zeit nach Constantin konnten germanische Offiziere zur höchsten Kommandostelle, dem Heermeisteramt, und zur vornehmsten Reichswürde, zum Konsulat, aufsteigen, was natürlich ein Bürgerrecht voraussetzt, obschon das nicht mehr eigens erwähnt wird. Es war offenbar bedeutungslos geworden. Die Militärdiplome laufen mit Diocletian um 300 aus. Selbst Mommsen (Ges. Schr. VI 248) wußte nicht, ob die Germanen im römischen Heer Bürger waren oder wurden.

Bedeutsam wurde das Bürgerrecht erst wieder sehr viel später im 6. Jahrhundert unter Justinian in Byzanz. Er koppelte es an das orthodoxe Bekenntnis und entzog es Ungetauften und Ketzern. Eine Ausnahme machte er 527 nur für die arianischen Föderaten, d. h. für die germanischen, überwiegend gotischen Söldner, die er weder bekehren noch entbehren konnte. Im 5. Jahrhundert bei dem Gallier Sidonius Apollinaris (ep. I 6,2) werden in der Bevölkerung des Reiches drei Gruppen unterschieden: Bürger, Sklaven und Barbaren, wobei die beiden letzteren als *peregrini* bezeichnet werden. Die hier genannten Barbaren waren Fremde, überwiegend gewaltsam eingedrungene Germanen, die in keinem Vertragsverhältnis zum Kaiser standen.

Schon seit der Mitte des 4. Jahrhundert finden wir illegale Einwanderer im Reich, zuerst Franken in den Niederlanden und Alamannen im Elsaß. Julian Apostata hat sie in den Jahren 355 bis 360 militärisch bezwungen, nicht aber des Landes verwiesen, jedenfalls nicht die Salier in Belgien. Er beließ sie dort unter den üblichen Bedingungen von Fremdsiedlern, nämlich der Abgaben- und der Wehrpflicht. Längst waren die Kaiser auf diese Männer angewiesen, da die Rekrutierung im Reich zunehmend schwierig wurde. Zeitgenossen wie Ammianus Marcellinus, Synesios von Kyrene und Salvian von Massilia haben das gesehen und vergeblich beklagt. Sie vermißten den Patriotismus, die Bereitschaft, für Kaiser und Reich das Schwert zu schwingen. Schon Augustus fand in Rom nicht mehr genügend Freiwillige, die ihrer Wehrpflicht nachzukommen bereit waren. In der Spätantike entzogen sich Tausende von jungen Männern dem Kriegsdienst, indem sie in den geistlichen Stand traten und die Mönchslandschaften in Ägypten, Syrien und Kleinasien bevölkerten. Um dem Dienst zu entgehen, wurde es Sitte, sich den rechten Daumen abzuschneiden, so daß die Kaiser gegen diese *murci* Gesetze erlassen mußten. Rekrutenstellung konnte durch Geld abgelöst werden Mit diesem *aurum tironicum* wurden Germanen als Söldner angeworben.

Die Fremden kamen zunehmend ungerufen. 376 standen die von den Hunnen bedrängten Westgoten an der unteren Donau und baten um Aufnahme ins Reich. Der Kaiser gestattete es, aber die Einwanderung geriet außer Kontrolle. Es kam zu Plünderungen. Kaiser Valens erschien mit dem Heer, aber erlitt 378 bei Adrianopel, dem heutigen Edirne in der europäischen Türkei, eine vernichtende Niederlage. Mit diesen Ereignissen wird gewöhnlich der Beginn der Völkerwanderung, d. h. der Übergang von der Antike ins Mittelalter verbunden. 381 schlossen die Goten mit Kaiser Theodosius einen Vertrag, der ihnen erlaubte, gegen die formale Anerkennung der kaiserlichen Oberhoheit auf Reichsboden nach eigenem Recht zu leben.

In der Folgezeit war nicht immer klar, ob es sich bei diesen Siedlern um Untertanen oder Reichsfremde, um Einheimische oder Feinde handelte. Es gab keine klare Grenze mehr zwischen Bürgern und Barbaren, Innen und Außen vermischten sich. Man hatte kein Feindbild mehr, weder auf Seiten der Germanen noch auf Seiten der Römer. Beide Seiten suchten eine Synthese. Das führte zu einer vielfältigen Verschwägerung zwischen den germanischen Kriegsherren und der römischen Oberschicht. Es entstand ein spätantiker Militäradel, so daß fast alle politisch bedeutenden Männer irgendwie miteinander versippt waren, einschließlich der Herrscher. Im Jahre 400 hatten die Kaiser in Ost und West Töchter germanischer Heermeister zu Frauen.

Die nun überall eindringenden Germanen kämpften mal für, mal gegen den Kaiser. Ihre Anführer agierten abwechselnd als römische Generäle und als germanische Könige oder waren beides zugleich, sie setzten die Kaiser ein oder ab. Der Westgotenkönig Alarich eroberte 410 Rom, nachdem ihm der Kaiser das Offizierspatent als *magister militum* entzogen hatte. Der Vandalenkönig Geiserich fand 429 in Africa keinen Widerstand, weil ein Brief aus Ravenna genügt hätte, ihn dort als Heermeister zu legitimieren.

Der Thüringer Odovacar, der 476 den letzten noch knabenhaften Westkaiser in den Ruhestand versetzte, war römischer Offizier, und römischer Offizier war ebenso der Ostgotenkönig Theoderich der Große, der Odovacar besiegte und Italien in Besitz nahm. 497 wurde dies durch Kaiser Anastasius legalisiert. Um 510 bestätigte Theoderich einem Romulus und seiner Mutter die ihnen seit alters zugesagten Einkünfte (Cassiodor, Variae III 35). Es handelt sich höchstwahrscheinlich um den von Odovacar mit einer guten Pension in eine Villa des Lucullus bei Neapel verbannten letzten Kaiser Romulus Augustulus, dessen Namen an den Stadt- und an den Reichsgründer erinnert.

Ein Blick noch zum Schluß auf die Art, wie die Zeitgenossen die Krise der Spätantike geistig verarbeitet haben. Das letzte Jahrhundert des Reiches hat eine breite literarische Überlieferung hinterlassen, so daß wir uns ein Bild vom historischen Selbstverständnis der späten Römer machen können. Es spiegelt sich in unterschiedlichen Erzählungen vom Staat. Drei Positionen stehen einander gegenüber. Die Altgläubigen beschworen die tradierte Romideologie, Vergils *imperium sine fine*, das ohne räumliche und zeitliche Grenzen im Auftrag des Schicksals für Frieden, Wohlstand und Gerechtigkeit zu sorgen habe, daher auch alle Krisen überstehe. Das suchte man aus der Geschichte zu beweisen. Gerade der Gründungsmythos und die republikanische Heldenzeit wurden in Erinnerung gerufen. Das Werk des Livius wurde kopiert und exzerpiert, die *Origo gentis Romanae* und die *Viri illustres urbis Romanae* waren beliebte Themen. Diente der Rekurs auf die Frühzeit unter Augustus der Legitimation, so hat er nun die Aufgabe einer Kompensation.

Die christlichen Stimmen gabeln sich. Auf der einen Seite gab es die fundamentalistische Position, die wir eingangs berührt haben. Sie kulminiert bei Augustinus in der kompromißlosen Abrechnung mit dem heroischen Geschichtsbild der Romideologen. Auf der anderen Seite steht eine eher versöhnliche Haltung, die in Rom nicht die große Hure Babylon aus der Johannesapokalypse sieht, nicht das teuflische Gegenbild zum Gottesstaat, sondern die gottgewollte Endphase der irdischen Geschichte, das großartige Gehäuse für die Kirche. Diese insbesondere bei Eusebios von Caesarea und bei Orosius vertretene Deutung hat das Mittelalter fortgeführt mit der *translatio Imperii*. Das Ende des Römerreiches wurde erst mit dem Jüngsten Gericht erwartet.

Die Geschichtswissenschaft hingegen verbindet den Abschluß der römischen Zeit mit der Auflösung des Imperiums durch die Germanen, und dieser Vorgang hat etwas mit der Einbürgerung, mit der Fremdenpolitik der Römer zu tun. Ein Schlaglicht beleuchtet sie. Im Herbst des Jahres 384 kam es in der Millionenstadt Rom zu einem Engpaß in der Versorgung mit Getreide. Daraufhin wurden alle Fremden aus der Stadt ausgewiesen, selbst die wenigen Professoren und Literaten. Das traf auch den aus Antiochia stammenden Historiker Ammianus Marcellinus (XVI 6,19; XXVIII 4,32). Er beschwerte sich in seinem großen Geschichtswerk bitter darüber, zumal nach dem juvenalischen Motto *panem et circenses* dreitausend Tänzerinnen bleiben durften. Ammian erinnert seine Leser daran, daß Rom ohne die Fremden niemals Bestand gehabt hätte. Dasselbe betont sein Zeitgenosse Aurelius Victor (XI 13): Rom sei vor allem durch die Leistung anderer, *externorum virtute*, gewachsen. Ammian war Grieche und römischer Offizier, Victor war Afrikaner und römischer Beamter, beide waren römische Patrioten. Beide wußten, daß Rom seinen Aufstieg nicht zuletzt seiner liberalen Bevölkerungs- und Fremdenpolitik verdankte, doch ahnten sie nicht, daß keine hundert Jahre später eben diese Politik das Ende der Reichseinheit besiegeln würde. Es ist wohl ein Dilemma jeglicher Politik, daß ein Erfolgsrezept nur unter ganz bestimmten Umständen, in ganz begrenztem Umfang funktioniert und es viel bequemer ist, eine bewährte Methode einfach fortzuführen, als die Umstände und den Umfang abzuschätzen, in denen allein sie Erfolg verheißt. Gefordert wird hier – wie immer – Augenmaß, auch für die zumutbare Länge eines Vortrags.

Literatur:

Buraselis, K., Theia dorea – Das göttlich-kaiserliche Geschenk. Studien zur Politik der Severer und zur constitutio Antoniniana, 2007; *Demandt, A.,* Die Spätantike, 2007; *Fuchs, H.,* Der geistige Widerstand gegen Rom in der antiken Welt, 1938; *Heinze, R.,* Von den Ursachen der Größe Roms (1921). In: Ders., Vom Geist des Römertums, 1960, 9 ff.; *Mommsen, Th.,* Römisches Staatsrecht, 1887; Strasburger, H., Zur Sage von der Gründung Roms (1968). In: Ders., Studien zur Alten Geschichte II, 1982, 1017 ff.

Respice finem – Das Ende von Staaten oder der Verlust der Idee als Anfang vom Ende –

Tilman Mayer

I.

Als Auftakt und Einstieg sei zunächst auf sog. *failed states* verwiesen: *Failed state* ist keineswegs ein abgelegenes Dritte-Welt-Thema, das die Deutschen nicht betrifft. Deutschland hat diese Lage durchaus auch erfahren, allerdings nicht in einer Situation der Schwäche oder im schieren Nichtvorhandensein von Staatlichkeit, sondern aus einem Übermaß heraus: eine zu starke, zu aufdringliche, zu expansive Staatlichkeit hat sich im 20. Jahrhundert entfaltet mit keinem Geltenlassen mehr von alternativen Lebens-, Gesellschafts- und Staatsentwürfen.

Der *failed state Deutschland* wurde im 20. Jahrhundert zweimal besiegt und hatte zuvor zweimal Siege phantasiert gehabt. Deutschland hat im 20. Jahrhundert zweimal Niederlagen erlitten, die auf brutalstmögliche Art geschahen: durch Gewalt, durch ein Niederringen, durch Kriege. Zweimal hatte Deutschland eine gigantische Hybris entwickelt, wollte zweimal hoch hinaus und ist jeweils ganz, ganz unten angekommen. Die deutschen Städte sind für Jahrzehnte entstellt, Gebietsverluste von römischen Ausmaßen waren zu erdulden, Millionen von Toten waren zu beklagen. Deutschland hatte die Demütigung einer kollektiven *reeducation* nötig gehabt. Und nicht genug: Es erlebte auch die Zerreißung der verbliebenen Nation in zwei Teile. Eine antike Tragödie aus Schuld und Sühne größten Umfangs.

Die Deutschen haben vielleicht wie wenige Grund und Erfahrung, das Ende von Staaten zu bedenken. Auch andere Staaten in Europa und in anderen Weltteilen sind kollabiert, haben ein Nachleben bzw. einen Neuanfang erlebt. Auch diese Entwicklungen lassen sich erzählen als Geschichten von Staaten. Auch der Staatsbankrott ist in unseren Tagen kein fern liegender Zustand.

Weltweit kann man von Sonnen- wie Schattenseiten staatlicher Entwicklungen erzählen, die aber keine Gesetzmäßigkeiten einschließen im Sinne eines antiken, zyklischen „Modells" von Auf- und Niedergangsphasen von Ländern.

Immerhin hat Deutschland im 20. Jahrhundert das „Modell" in kürzester Zeit durchschritten – was eigentlich vor Wiederholungen schützen müsste, wenn man aus der Geschichte gelernt haben will. Angesichts dieser deutschen Geschichte bedarf es keines dramatisierenden Tremolos und Auftaktes, um über das Ende von Staaten zu diskutieren. Vielleicht sind die Deutschen prädestiniert, über *failed states* zu philosophieren. Ihr Beitrag zu diesem Themenkomplex ist nicht rühmlich. Insofern besteht aller Anlass, über das Ende von Staaten nachzudenken. Über was im Folgenden verhandelt werden soll, möchte man selbst sicherlich nicht auch noch erleben. Man muss es auch nicht; es kann also anders kommen, als es kommen könnte. Immerhin kann es soweit kommen, das ist sicher, und das ist der Grundton der Ausführungen, der Erzählung vom Staat.

II.

Die Epoche der Staatlichkeit geht unweigerlich zu Ende; darüber muss kein Wort mehr gesprochen werden, so sprach 1963 der Großmeister aphoristisch instrumentierter Apokalypsen, Carl Schmitt – und die Grabgesänge auf den Staat sind ja recht prominent in der Ideengeschichte verankert. Marx und seine schillernden Gefolgsleute erwarteten dereinst prophetisch das Absterben des Staates – hätten sie nur Recht gehabt, dann wäre der Stalinismus und der Archipel Gulag der Menschheit erspart geblieben. Aber auch ganz auf der anderen Seite, bei liberalen Geistern, kam es, wenn auch weniger emphatisch, zur Vorstellung, gegen den Staat für die Bürger alles herauszuholen an individueller Freiheit. Auch hier stirbt der Staat schier ab, wenn man die Idee des Liberalismus etwas überzeichnet, jedenfalls der Tendenz nach und zwar meistens zugunsten des omnipotenten Marktes. Damit sei gesagt, dass die Frage nach dem Staat zu denjenigen Essentials gehört, aus denen man eine politische Philosophie konstruiert. Konstruiert, weil es ja ideengeschichtlich gesehen durchaus viele Angebote gab, die politische Ordnung zu denken.

Staaten legen Wert auf Geschichten ihrer Gründung, was hier nicht das Thema ist. Sie festigen ihre Legitimität dadurch, dass sie sich den Konstituierungsakt immer wieder in Erinnerung rufen – wie jetzt 2009 die Bundesrepublik angesichts der 60jährigen Staatsgründung und von 20 Jahren Wiedervereinigung seit 1990.

Die hier zu verhandelnde Aufgabe ist eine unangenehme, nämlich das Ende zu bedenken; zwar nicht das eigene, aber eben das des erwähnten Staates. „Bedenke das Ende" wurde den römischen Cäsaren eingeflüstert, bevor sie den Triumphwagen bestiegen und den Jubel der Römer erfuhren. Das Ende zu bedenken heißt, vorausschauend zu denken. Die Kunst der Vorausschau ist wenigen gegeben und den eben erwähnten Grabgesängen sollte man sich eigentlich auch nicht anschließen. Wie also das Ende bedenken, ohne einem Defätismus oder Alarmismus oder Fatalismus zu verfallen?

Die Frage nach dem Verlust der Idee des Staates als dem Anfang vom Ende von Staaten ist nur vor dem Hintergrund historischer – und damit auch wissenschaftlicher – Problemkonstellationen zu erörtern: Wie verliefen die Diskurse? Verliefen die historischen Entwicklungen in politisch-institutioneller Hinsicht auf der einen Seite sowie in sozioökonomischer und politisch-kultureller auf der anderen synchron, oder wichen diese voneinander ab? Wie begegnete die Bevölkerung dem Wandel der Ideen? Man muss dazu Gegenwärtiges und Zukünftiges, Grundsätzliches und Praktisches, Ewiges und Zeitliches abhandeln. Für den Verlust des Ideenhaushaltes eines Staates als Auftakt des ganzen Untergangs eines Staates jedenfalls ist bezeichnend, dass dieser Verlust nicht „datumsfixiert" ist: In der Regel lassen sich staatliche Umbrüche in der deutschen Geschichte ja auf den Tag genau bestimmen – nicht umsonst sprechen wir von „1871", „1918", von „1933", „1945" und „1989/1990". Es sind nicht nur Zahlen, sondern Chiffren. Der Verlust einer Idee ist hingegen zeitlich nicht einzubetten, allenfalls als Diskurs, – die Beispiele werden zeigen, wie sehr Ideenverlust und realhistorische sowie realökonomische Entwicklung nebeneinander verlaufen können.

Die Beispiele werden zudem illustrieren, wie ungeheuer wichtig Ideen für die Legitimation und Stabilität eines Staates sind. Es gehört eben zu den Konstituentien von Staaten, dass sie – um ein berühmtes Wort Böckenfördes einmal mehr zu bemühen – „von Voraussetzungen leben, die sie selbst nicht garantieren können." Aus der Politischen-Kultur-Forschung wissen wir aber auch, dass Systeme vom Input ihrer Bürger abhängen; erfolgt kein Input, sind die Systeme gefährdet. Eine Demokratie ohne Demokraten hält sich nicht lange, wie Weimar lehrt.

III.

Vielleicht stellen wir uns zunächst mit Demut den historischen Tatsachen, sie sind ernüchternd genug. Allerdings hauptsächlich für uns Deutsche, denn wir sind es, die eine große Zahl von Staatszusammenbrüchen, wie eingangs erwähnt, erfahren haben.

Preußen geht fortan in Deutschland auf, so hieß es, als das zweite Reich Bismarck das Königreich Preußen, das seit 1701 bestand, ablöste; fast eine hegelianische Volte: die Aufhebung Preußens - und tatsächlich, das Reichsland Preußen bestand fort. Aber wann ist die Idee Preußens untergegangen? Vielleicht ist sie erst im Widerstand gegen Hitler heroisch untergegangen? Oder schon zuvor? Zunächst, wenn es so etwas wie eine preußische Staatsidee gab – wodurch zeichnete sie sich aus? Herrschaftliche Institutionen, die Krone, der Staatsrat, das Ministerium, das Offizierskorps und das Beamtentum bildeten in wechselseitiger Einwirkung und Abstützung ein hoch entwickeltes institutionelles politisches Leitungs- und Vollzugssystem. Der dahinter vielfach betonte ideelle Kern der preußischen Staatlichkeit lag im Ordnungsgedanken und Dienstbegriff. In der Auseinandersetzung zwischen Freiheit und Ordnung gab der – vorkonstitutionelle – preußische Staat der Ordnung den Vorrang. Die in der ersten Hälfte des 19. Jahrhunderts politisch Verantwortlichen hatten gesehen, dass die großen Ideen des 18. Jahrhunderts, die Ideen der Freiheit, des Fortschritts, der Gerechtigkeit, ganz Europa in Revolution, Krieg und Fremdherrschaft gestürzt hatten. Davon wollte man Abstand nehmen: die in der Krone verkörperte Idee der Autorität, die in der Armee verkörperte Idee der Zucht, die im Beamtentum verkörperte Idee des Dienstes waren Fundamente des preußischen Staates.

Vor diesem Hintergrund eines paternalistisch verstandenen Dienstes am Staat wird ebenso verständlich, warum die „offizielle" Staatstheorie dieser Zeit keine subjektiven Rechte kannte – weder die als vorstaatlich gedachten Grundrechte des Menschen gegenüber der Staatsgewalt, noch Wahl- oder Stimmrechte oder sonstige politisch-kulturelle Rechte des Bürgers auf Teilhabe an der Ausübung der Staatsgewalt. Gleichwohl waren Verbreitung und Vertiefung dieser Ideen spätestens seit der Französischen Revolution nicht mehr aufzuhalten. Vor diesem Hintergrund rechtfertigten zudem Beamtentum und Offizierskorps ihren Anspruch, als die großen Dienstkörperschaften des Staates auch die privilegierten staatstragenden Stände zu sein. Sie nahmen innerhalb des Staatsdienstes den Platz ein, den in früherer Zeit die alten Stände, vor allem die feudale Aristokratie, besetzt gehalten hatten. Nur: Wirklichkeit wurde mehr und mehr die Idee einer konstitutionellen Ordnung. Nun beanspruchten Parteien und das Parlament partizipativ die Plätze. Der Übergang vom alten Feudalstaat zum modernen Parteienstaat – mit der Zwischenstufe des Militär- und Beamtenstaats – war irgendwann unumkehrbar. Eine Idee löste schließlich die andere ab.

Wann ist die preußische Staatsidee untergegangen, so fragten wir. Das Reichsland Preußen – und nicht zu klein! – gab es und zwar monarchisch unter Bismarck wie republikanisch in der Weimarer Republik. Ein Bundesland Preußen hat es nie gegeben, aber der Zusammenschluss Berlins und Brandenburgs hätte das Potential dazu. Doch nicht Gründung von Staaten oder von Bundesländern ist unser Thema, sondern das Ende. Doch ohne Gründungsidee kein Staat.

Die Weimarer Republik endete im politischen Sinne mit der Entstehung des sogenannten NS-Staates. Weimar scheiterte realhistorisch an alliierten Auflagen der Siegermächte von Versailles, an mangelnder politischer Kultur und an einer noch nicht ausgereiften Verfassung mit plebiszitären und repräsentativen Vorgaben, die nicht harmonierten. Doch die demokratische Idee Weimars starb vor allem in den Kämpfen extremistischer Parteien. Der ohnehin brüchige demokratische Konsens zerfiel, eine politische Identität konnte nicht gestiftet werden, die Demokratie blieb ohne Demokraten. Von Anfang an war der Systemwechsel von 1918/19 eine ungeliebte Revolution geblieben. Kaum eines der großen politischen Lager wollte sich mit der Republik („System") ideell identifizieren; eine fruchtbare politisch-kulturelle Traditionsbildung und Stabilisierung konnte für das Staats- und Demokratieverständnis der Weimarer Republik kaum ausgehen. Ein legitimierender, kraftvoller Gründungsmythos war nicht vorhanden. Die Idee der Weimarer Republik, 1848 zu vollenden, hatte kaum eine Chance. Ein antidemokratisch angelegter Mythos – „im Felde unbesiegt" – verdüsterte die Republik.

Die Errichtung der NS-Diktatur war sodann im Kern ein vollständiger Bruch mit den hart errungenen liberalen Rechten. Denn auch wenn die Deutschen nicht über eine länger erfolgreiche demokratische Tradition verfügten, so waren doch die Ideen der Rechtsstaatlichkeit und der Gewaltenteilung stark ausgeprägt. Die NS-Diktatur bedeutete nicht nur einen Verlust dieses Denkens, sondern geradezu den Versuch seiner vollständigen Auslöschung. Das so genannte *Dritte Reich* wurde schließlich von exogenen Kräften zu seinem schmählichen Ende gebracht. Die NS-Staatsidee, sofern davon überhaupt die Rede sein kann, dass dem arischen Menschen die Herrschaft zustehe, so wie Antisemitismus und Chauvinismus wurden den Deutschen, sofern sie mehrheitlich dem System ideell anhingen, spätestens durch die bedingungslose Kapitulation dieses Staates, aber auch durch die Umerziehung nach 1945, als Absurdität bewusst. Trotzdem, eine Art Erziehungsdiktatur schien aus alliierter Sicht nach der „deutschen Katastrophe" nötig und angemessen zu sein, um ein *nation building*, wie es viel später genannt wurde, erfolgreich durchzuführen und einen Neuanfang nach dem Ende des totalitären Staates zu beginnen. Die Hybris einer Rassenidee als Staatsidee war der Tiefpunkt der deutschen Geschichte im 20. Jahrhundert. Die Idee des NS-Staates, nein des großdeutschen Reiches, ließ sich nicht voluntaristisch begründen. Der Herrschaftswille der Nationalsozialisten war maßlos, der Staat war nur Mittel zum Zweck und hatte keine ideelle Bedeutung, auch nicht die preußische Staatsidee, die man symbolisch gerne vereinnahmen wollte. Für die Anhänger des NS-Systems gingen dessen „Ideen" erst in den Flammen und Vertreibungen des Krieges und in der Aufarbeitungszeit danach unter.

Die Gründung der Bundesrepublik dagegen, gedacht und in der Präambel des Grundgesetzes nachlesbar als gesamtdeutsche Staatlichkeit angelegt, zielte erneut auf die bereits 1848 deklarierte Freiheit in der Republik. Nach den Erfahrungen des totalitären Zeitalters und angesichts der Teilung Deutschlands durch das Einwirken einer totalitären Kraft (Sowjetunion) gehörte es zur entscheidenden Grundidee des neuen Staats Bundesrepublik Deutschland, dass sie durch einen antitotalitären Grundkonsens der Demokraten ideell getragen wurde. Denn so tief greifend die Zäsuren durch den Nationalsozialismus auch waren – er hat nicht alles ausschalten und vernichten können, was sich aus den rechtsstaatlichen und auch demokratischen Traditionen des 19. Jahrhunderts speiste: Ideen überleben auch.

Nicht soweit die deutsche Zunge klingt, nicht die Idee vom großen deutschen Reich, sondern die Idee einer Demokratie aller Deutschen wurde in der Bundesrepublik umgesetzt, und zwar auch von denen, „denen die Zustimmung" für Jahrzehnte versagt blieb. Diese demokratische Staatsidee wurde gar verfassungspolitisch und verfassungsgerichtlich zum Konzept einer wehrhaften Demokratie ausgebaut, dem sich der Staatsschutz besonders annahm, der sich aber Verfassungsschutz nannte. Vielleicht drückt diese Begriffsänderung, weg vom Staat, hin zur Verfassung, aus, dass eine gewisse Staatsferne und kultivierte Verfassungsnähe zu den Konstituentien der Bundesrepublik Deutschland gehören.

Die legitimierende Substanz der Staatsidee der Bundesrepublik Deutschland, liest man, ist das Grundgesetz, oder genauer: jener Topos der „freiheitlich-demokratischen Grundordnung", mit allem was dazu gehört. Einem staatszentrierten Bild wurde eine klare Absage erteilt. Die Staatsidee des Grundgesetzes lässt somit auch keine Selbstzweckhaftigkeit des Staates zu, sondern erklärt die Verpflichtung auf die Menschenwürde zur Staatslegitimationsnorm des vom Grundgesetz konstituierten Gemeinwesens. Das Bundesverfassungsgericht hat immer wieder spezifische Gehalte dieser Staatsidee konkret herausgestellt.

Doch fragen wir uns: sind wir Verfassungsbürger oder Staatsbürger? Kommt es denn wirklich mehr auf die Verfassungsordnung an als auf die Staatsidee? Könnte es eines Tages nicht dazu kommen, dass die Verfassung verteidigt wird, portativ den Bürgern präsent bleibt, auch wenn der Staat allmählich um seine Kernkompetenzen entsorgt wird? Könnte der Staat Bundesrepublik Deutschland dereinst wie das I. Reich 1803, wie *Ranke* sagte, einfach aufhören zu existieren? Aber greifen wir nicht vor. Vielleicht tragen wir noch nach, dass zwei weitere deutsche Staaten im 20. Jahrhundert gescheitert sind.

Während das Kaiserreich außenpolitisch in seinem Gründungsprozess und später durch die Bismarcksche Bündnispolitik ideell unterfüttert war, herrschte auf dem Gebiet der „inneren Reichsgründung" von Anfang an Ideenarmut. Die Konfliktlinien verliefen zwischen Konfessionen und Territorien, zwischen Landwirtschaft und Industrie, Bürgertum und Adel, Arbeit und Kapital. Insbesondere nach dem Rücktritt Bismarcks schlugen sich diese Entwicklungen auch außenpolitisch nieder: Innere Widersprüche und Konfliktsituationen wurden von einem pompösen Politikstil und monarchischen Auftreten überdeckt. Außenpolitisch ersetzte ein mechanisch wirkendes, auf den Kriegsfall ausgerichtetes Mächte-Gleichgewicht die lebendige Balance eines friedensfördernden Systems.

Das Ethos des Staates erschöpfte sich in einem inhaltsleeren formalen Pflichtbegriff, der von Preußen ererbt war. Am Ende stand der Erste Weltkrieg und das Ende des Kaiserreichs. *Helmuth Plessner* sprach später von der „Großmacht ohne Staatsidee". Jede Großmacht brauche, so Plessners Überlegung wörtlich, eine Rechtfertigung, um Anerkennung und nicht bloß Furcht zu erwecken, und Bismarcks Werk habe wohl das Recht historischen Schicksals, aber nicht die Rechtfertigung im Zeichen einer Idee für sich gehabt. Die Großmacht Deutschland habe keinem werbenden Gedanken gedient, so Plessner.

1918 hatte sich die monarchische Staatsidee überlebt gehabt, in Deutschland jedenfalls. Preußen war zwar in Deutschland aufgegangen, aber das wilhelminische Regiment war mehr um einen Platz an der Sonne bemüht gewesen, als sich um die Begründung seiner selbst zu kümmern. Wilhelminismus bedeutete ohnehin eine politische Fehlentwicklung gegenüber dem erst spät gewonnenen Nationalstaat, der als saturiert anzusehen gewesen wäre, wohl integriert in ein europäisches Bündnissystem. Der bramarbasierende wilhelministische Größenwahn war der Anfang vom Ende des Staates der Hohenzollernmonarchie.

Der einmal real existiert habende Sozialismus der DDR kann durchaus als Staatsidee der DDR bzw. ihrer herrschenden Klasse verstanden werden – auch wenn er legitimatorisch nur äußerst begrenzt von der Bevölkerung angenommen wurde. Aber die Idee – besser gesagt die Ideologie - prägte durchaus Staat und Gesellschaft grundlegend. Doch für eine Legitimation fehlte im Sinne Max Webers das nötige Legitimationseinverständnis der Bevölkerung; die Zustimmung wurde erzwungen. Insofern war die Idee längst gestorben, bevor der Staat in der deutschen Revolution von 1989 zu seinem verdienten Ende gebracht wurde. Das lässt sich konkret bereits am Arbeiteraufstand des 17. Juni 1953 festmachen: Er konnte zwar durch das brutale Eingreifen der sowjetischen Panzer niedergeschlagen werden – dennoch war damit schon wenige Jahre nach der Gründung der DDR der eigentliche Charakter eines diktatorischen Regimes entblößt worden, das auf der Stärke der sowjetischen Militärmacht beruhte. Dieses Kainsmal wurden die Herrschenden in der DDR auch nicht mehr los. Der Aufstand und seine Niederschlagung spiegelten die fehlende Legitimität des sozialistischen deutschen Staates wider. Das reale Ende der DDR – die massenhaften Demonstrationen und der Fall der Mauer – war bereits in der realitätsfernen ideologischen Gründungsidee, im Gründungsmythos der DDR vom Arbeiter- und Bauernstaat, angelegt. Und seit der Mitte der 70er Jahre schlug sich der schleichende Niedergang der DDR in der zunehmenden Nichtbeachtung der Werteordnung des orthodoxen Marxismus-Leninismus verstärkt nieder. Diese leninistisch-stalinistische Ideologie vermochte es nicht mehr, im weltweiten Wettstreit der Ideen der beiden großen Blöcke einen nennenswerten Anhang zu gewinnen oder den vorhandenen zu mobilisieren.

Ohnehin müssen wir uns bilanzierend fragen, ob Diktaturen rechts- wie linkstotalitärer Prägung tatsächlich eine Staatsidee haben oder ob man nicht besser und korrekter nur von einer Staatsideologie sprechen muss, also im Sinne des Ursprungsbegriffs der Ideologie als eines falschen Bewusstseins. Dass falsches Bewusstsein im Sinne einer realitätsfremden Auffassung nicht sofort zum Ende eines Staates führen muss, zeigen totalitäre Staaten, wobei die Sowjetunion sicherlich am eindrucksvollsten ihre Existenz behauptete, nämlich sieben Jahrzehnte durchhielt, obgleich ihre „Ideen" nicht verfingen und Aufstände den Widerstand belegten . Und die Volksrepublik China? Sie korrigiert lieber die Idee ihrer selbst, um das Ende ihres Regimes zu vermeiden. Doch kehren wir zurück zur Bundesrepublik.

Wir mögen uns, wenn wir schon Ideen eine derart deutliche Bedeutung beimessen wollen, an den Satz (Brief) Hegels erinnern: *„Die theoretische Arbeit, überzeuge ich mich täglich mehr, bringt mehr zustande in der Welt als die praktische: ist das Reich der Ideen erst revolutioniert, hält die Wirklichkeit nicht* *aus"*.[1] Daran sei erinnert, wenn wir die Geschichte betrachten. Auch die bundesdeutsche: die antikommunistische Grundidee des bundesdeutschen Staates als freiheitliche Republik erodierte in den 60er und 70er Jahren, als sich der sog. „Wandel durch Annäherung" nicht intendiert zu einem Wandel auf eben diesen Kommunismus hin umzusetzen drohte. Jedenfalls waren neomarxistische Einstellungen im intellektuellen Milieu und in vielen geisteswissenschaftlichen Strömungen und Disziplinen tonangebend, wodurch die eben erwähnte zentrale Gründungsidee der Bundesrepublik kontaminiert wurde. Verstärkend wurde, keinesfalls in einem herrschaftsfreien Diskurs, der Vorwurf ventiliert, die ebenfalls im antitotalitären Grundkonsens enthaltene antifaschistische Idee sei nicht genügend ernst genommen worden, ja, die Bundesrepublik hätte das Erbe des tausendjährigen Reiches angetreten. Diese antifaschistische Idee sei vielmehr vernachlässigt, ja, verraten worden, womit, mit dieser „Argumentation", das aufkommende neomarxistische Denken unterfüttert bzw. gerechtfertigt werden sollte.

Insofern, vielfach vergessen und verdrängt, geriet die Bundesrepublik ideenpolitisch in schwere Fahrwasser. Ihre Legitimität schien bezweifelbar zu sein, jedenfalls in einem einflussreichen intellektuellen Milieu, das die Idee einer emanzipatorischen Gesellschaft gegen diese Republik wendete und im zitierten Sinne Hegels diese Demokratie damit gefährdete.

Brandts Formel von 1969 „Mehr-Demokratie-wagen" festigte dagegen die westdeutsche Staatlichkeit von der linken Seite des Hauses her. Auf der anderen Seite desgleichen, 1982, die viel beschworene „geistig-moralische Wende", die nicht den alten Antikommunismus der 50er Jahre restaurierte, aber doch die Idee der Bundesrepublik als antikommunistischen Staat programmatisch erneuerte. Und diese Linie geriet dann 1989 gerade nicht in Widerspruch zur ausbrechenden demokratischen („Wir sind *das* Volk") und dann der nationalen („Wir sind *ein* Volk") Revolution, die sich gegen eine kommunistische Herrschaft richtete. Diese Revolution von 1989 änderte am Antifaschismus nichts, aber sie vollendete den Antikommunismus, indem restaurativen Bestrebungen, die DDR-Staatsidee zu retten oder diesen Staat posttotalitär zu erneuern, eine entschiedene Abfuhr erteilt wurde. Mehr noch, das staatssozialistische Experiment wurde auf deutschem Boden, von dem auch ein Marx gestartet war, in einem revolutionären Akt beendet und zwar unter Wahrnehmung des universellen Selbstbestimmungsrechts der Völker (jus cogens). 1989 war damit endgültig die

---

[1] Werke, Bd. XIX, Briefe, 1. Teil, S. 194.

Mitte der 60er Jahre aufkommende Tendenz, die Bundesrepublik zu delegitimieren, gescheitert.

Man kann aber auch festhalten, dass die Gründung der Bundesrepublik erst mit der Wiedervereinigung vollendet wurde und zwar in besagtem Akt der Selbstbestimmung, den das souveräne Volk vollzogen hat und damit das sozialistisch-ideologische Staatsexperiment auf deutschem Boden einem Ende zuführte.

Doch eine weitere *idée-force* der bundesdeutschen Nachkriegsordnung, die Verfassungsrang hat, ist nun hervorzuheben: die Verpflichtung, im europäischen Kontext maßgeblich sich einbringen zu wollen. Insofern wird man sagen können, dass diese Verpflichtung ebenfalls eine Staatsidee der Bundesrepublik Deutschlands ist.

IV.

Provokativ wollen wir uns, in die Zukunft blickend, fragen, ob die Verpflichtung auf Europa nicht den deutschen Staat von sich selbst entfernt? Löst die europäische Idee nicht sukzessive den bundesdeutschen Staat aus seiner Verankerung? Wird die europäische Integrationsidee nicht zur *idée fixe*, die den Akt der Selbstbestimmung aufhebt oder gar substituiert?

Europäische Integration bedeutet vieles: den in Maastricht bekräftigten „immer engeren Zusammenschluss" betreiben zu wollen; sich wieder zu finden in einem sog. „Mehrebenensystem"; dem Europäischen Recht Vorrang zu geben; Europa als einen Währungsraum begreifen zu wollen. Europäische Integration bedeutet v.a. weitergehend auch eine Tendenz zur Föderalisierung Europas zu unterstützen, die de facto, so sagen längst nicht mehr nur die Briten, eine Zentralisierung bedeutet, obgleich, im real existierenden Widerspruch dazu das Subsidaritätsprinzip auch noch als geltend behauptet wird.

Auf der anderen Seite kann man sagen: Natürlich sind die Nationalstaaten Herren der Verträge geblieben, herrscht ein intergouvernementales Regiment vor, haben wir in Europa ein System kooperativer Nationalstaaten, welche Teile ihrer Souveränität deshalb aus freien Stücken, weil sie letzlich dabei gewinnen, poolen: ein nationalstaatsaffines Europamodell.

Die Europäische Union beabsichtigt nicht, heißt es, den Mitgliedstaaten ihre Souveränität zu nehmen. Die Alternative, Staatenbund oder Bundesstaat, existiere nicht. Als „Staatenverbund" (BVerfG) entwickele die EU neue Formen einer demokratisch legitimierten Verbundenheit selbstständig bleibender Staaten. Europa brauche beides: starke demokratische Mitgliedstaaten, in denen sich das jeweilige Staatsvolk selbst regiert, und eine starke Verbundenheit dieser Staaten in einer Union insbesondere des Friedens, der Wirtschaftsgemeinschaft, der Währungsunion, der Grundrechte.

Soweit eine offiziöse Position. Was aber, wenn es dabei nicht bleibt? Die Integration geht zwar mühsam, aber sie geht voran. Was ist, wenn die europäische, integrative Idee stärker ist als die deutsche Staatsidee? Was wird aus dem *jus cogens* des Selbstbestimmungsrechts im Prozess der Integration? Was bedeutet Volkssouveränität unter europäischen Kautelen noch? Was also wäre unter diesen Umständen noch die tragende Staatsidee in der Bundesrepublik Deutschland? Es muss zu denken geben, dass die sogenannte Finalität der europäischen Integration seit Jahrzehnten offen gehalten, Fragen danach camoufliert beantwortet werden. Deshalb ist die Frage nicht mehr absurd, wenn auch auf absehbare Zeit noch utopisch, ob Deutschland künftig in Europa aufgehen wird? Leben wir in einer Phase des Endes der Idee eines deutschen Staates?

Es gibt zumindest Indizien dafür, dass die europäische Vereinigungsidee, die ja verfassungsrechtliche Bedeutung in Deutschland hat, virulent ist, pulsiert und realpolitisch zu einem Transfer der europäischen Idee in eine Formation europäischer Staatlichkeit beiträgt. Befinden wir uns sozusagen bereits auf einem Gleis in Bewegung, während wir uns fragen, wohin die Reise eigentlich geht? Vielleicht sind ja das Grundgesetz und die deutschen Verfassungsorgane nicht mehr zeitgemäß, wenn sie sich der fortgesetzten Übertragung hoheitlicher Rechte verschließen – zumal bei Problemen, die nur noch durch internationale Kooperation zu lösen sind? Man könnte noch einen Schritt weiter gehen: Nur in der Verflechtung mit anderen vermag die Bundesrepublik ihre Existenz zu sichern. Das verlangt eben neue Formen der Organisation politischer Herrschaft und Herrschaftsausübung, ihrer Begründung und Legitimation. Ist die europäische oder die bundesrepublikanische Staatsidee wirkungsmächtiger? Inwiefern ist die Idee von Europa tatsächlich eine Herausforderung für die demokratische, politische und verfassungsrechtliche Kultur der Bundesrepublik? Inwiefern könnte die deutsche Staatsidee tatsächlich einer Aktualisierung bedürfen?

Es gibt Formen der Veränderung von Nationalstaaten, nennen wir ihn nationalen Wandel, der eine Nation neuen Verhältnissen und Herausforderungen anpasst, und es gibt Veränderungen derart gravierender Art, man spricht von Transformation, dass nicht mehr von nationalem oder nationalstaatlichem Wandel ge-

sprochen werden kann, einfach weil der Transformationsprozess neue Strukturen von Staatlichkeit hat entstehen lassen. Vielvölkerstaaten, die CSSR z.b., lösen sich so auf. In dem erwähnten Deutschland der 70er Jahre kam – Wandel
durch Annäherung bzw. status-quo-Anerkennung - die Idee der sogenannten Bi-
Nationalisierung Deutschlands auf. Es gab Analytiker, die tatsächlich behaupte-
ten, Deutschland befände sich in einer Phase, in der zwei deutsche Nationen im
Entstehen begriffen seien. Der nationale Wandel löste sich danach auf in diese
neuen nationalen Herrschaftsformationen. Natürlich möchte keiner dieser Analytiker mehr an diese Fehldiagnose erinnert werden. Sie seien erwähnt um zu
zeigen und zu erwarten, dass man selbstverständlich damit rechnen muss, dass
erneut deutsche Staatlichkeit zur Disposition gestellt werden würde, wenn der
Staatsbegriff volatil gemacht werden könnte oder sich alternative Formen von
Staatlichkeit anböten.

Vielleicht erinnern wir uns bei dieser Gelegenheit auch daran, dass selbst in der
konservativen Volkspartei CDU 1988 die Diskussion aufkam (Wiesbaden
1988), im Sinne einer stringenten Europa- und Entspannungspolitik die Ein-
heitsfrage *ad calendas graecas* zu verlagern. Das heißt, dass es in der bundesdeutschen politischen Kultur eine Disposition zu geben scheint und man mit ihr
rechnen muss, staatliches, nicht verfassungsbezogenes Selbstverständnis zugunsten höherer Ziele, eigentlich ideologischer Annahmen, zu relativieren. Wir
fragen uns also ernsthaft – besonders ernsthaft nach den mehr als kritischen,
heftigen Stellungnahmen zum BVerfG – Urteil zum Lissaboner Vertrag – , ob
der von der Verfassung wegen aufgegebene vernünftige Europa Gedanke die
Staatlichkeit der Bundesrepublik Deutschland mittel-/ langfristig zur Disposition
stellen kann? Das wäre ein klassischer Fall unseres Themas, dass das Ende eines
Staates sich vorab schon ideenpolitisch ankündigt!

Darüber, über dieses angekündigte Ende, das aber nicht als Ende, sondern umgekehrt als Aufbruch zu neuen Ufern interpretiert wird, wird schon lange diskutiert – und ruft von Zeit zu Zeit Rechtsgelehrte auf den Plan. Deshalb ist selbstverständlich das autoritative Urteil des höchsten deutschen Gerichts zu jüngsten
europapolitischen Entwicklungen, Lissabon, so bedeutsam.

Bereits früher hatte das Gericht – als ultimative, rechts- und verfassungstreue
Instanz der gewaltenteiligen Rechtsordnung – die Exekutive in den 80er Jahren
beschieden, dass die vielfach propagierten sog. Vereinigten Staaten von Europa
mit der Verfassungsordnung Deutschlands, der staatlichen Existenz der Bundesrepublik, unvereinbar seien. Eine tief greifende Korrektur der europapolitischen
Vorstellungen war dadurch bereits erzwungen worden. Und so auch jetzt, wie-

derum bei anhaltender Gegenwehr. Es zeigt sich, dass nach wie vor die Bereitschaft besteht, den erwähnten „immer engeren Zusammenschluss" zu betreiben – und der alles entscheidenden Finalitätsfrage aus dem Wege zu gehen.

Noch früher, am 31.7.1973, hatte „Karlsruhe" ein für die Existenz der Bundesrepublik entscheidendes Urteil gefällt. Es bestätigte, dass die sozial-liberale Deutschlandpolitik nur so verfassungsgemäß sei, wenn sie das Ziel Wiedervereinigung – Idee der Einheit des Staates – anstrebe. Wandel durch Annäherung führe nicht zum Wandel des Verfassungsziels Einheit, sonst wäre die Politik verfassungswidrig. Das Korrektiv, das damit verbunden war, traf, s.o. die Bi-Nationalisten, also alle, die die Teilung, das Ende des gesamtdeutschen Staates, angenommen hatten. Das BVerfG stellte weiterhin, präambeladäquat, die Existenz der DDR ideenpolitisch in Frage, was damals die DDR-Führung und Entspannungseuphoriker in höchstem Maße zu Attacken auf das Gericht verleitete.

Das Lissabon-Urteil erinnert seine Kritiker deshalb durchaus berechtigt an dieses frühere Urteil. Denn nun hat Karlsruhe erneut die Staatlichkeit der Bundesrepublik festzuschreiben versucht und manche ultra-vires-Entscheidungen anderer europäischer Instanzen als Angriff auf die Identität der Bundesrepublik Deutschland erkannt. Gewaltenteilig wurde das Parlament gestärkt, diese Aufsichtspflicht wahrzunehmen. Aber auch sich selbst hat das Gericht in diese Pflicht genommen, über diese deutsche Rechtsbehauptung zu wachen. Ob es die Kraft dazu weiterhin aufbringt, sei dahin gestellt. Die Kritik am Urteil könnte die Richter, und mehr noch ihre Nachfolger im öffentlichen Meinungsklimadruck, zermürben. Zeichnete sich die Aufgabe der Idee des deutschen Staates in Karlsruhe ab, wäre das Ende des Staates Bundesrepublik in Gestalt seiner Verfassungsordnung von 1949 bald die Folge. Die Bundesrepublik wäre in einer ähnlichen Lage wie 1803 das alte Reich. Ein schleichender Verfassungswandel – realiter eine Staatstransformation – wäre zum Abschluss gekommen. Insofern kann es eigentlich unmöglich den Richtern in Karlsruhe allein aufgegeben sein, für das elementarste Ziel des Staates, für seinen Erhalt zu sorgen, einzutreten.

Die vernünftige Aufgabe unserer Epoche besteht darin, einen *modus vivendi* zwischen unterschiedlichen Wirkungsinstanzen zu finden: die fortbestehende nationalstaatliche Ebene und der supranationalen Ebene der EU. Die eine gegen die andere auszuspielen wäre unangemessen bzw. besserwisserisch gedacht. Der Sog geht aber eindeutig in Richtung einer weiteren Kompetenzverlagerung auf die europäische Ebene. Im Sinne dieses Trends wäre es deshalb für Europäisten unangebracht, jetzt schon die Finalitätsfrage einer Klärung zuzuführen, wenn doch noch mehr Steuerungsgewinn auf europäischer Ebene zu bekommen wahrscheinlich ist. Umgekehrt sieht sich das Bundesverfassungsgericht legitimerweise aufgefordert, vor diesem Trend nicht die Augen zu verschließen und der schleichenden Entstaatlichung der Bundesrepublik Riegel vorzuschieben – die auch als solche von europapolitischen Kritikern des Urteils erkannt wurden. Anstelle das Gericht dafür anzuprangern, dass es couragiert seine Pflicht erfüllt, sollten besser Lösungsversuche des Dauerkonflikts gefunden und entwickelt werden. Aufgabe ist es, die Einheit in der Vielfalt zu finden. Wenn aber umgekehrt gedacht wird, die Vielfalt in der Einheit erreichen zu wollen, gibt man bereits die Idee einer Staatlichkeit in Deutschland auf, zumindest in *the long run*. „Vielfalt" steht dann nur noch für die kulturelle und sprachliche Diversität, die nun mal unveränderbar bleibt.

Erinnern wir an die erwähnte Disposition, gesamtdeutsche Staatlichkeit aufzugeben – und damit den Nationalstaat als solchen. Viele Nationalstaats-Kritiker popanzierten vor 1989 den Nationalstaat zu einem Machtstaatsgebilde mit ausgeprägtem äußerem Souveränitätsgebaren à la Wilhelm II. Dieses Bild diktierte eine Ablehnung des Nationalstaates. Das Bild war aber enorm realitätsfern. Der interdependente, kooperative Nationalstaat besteht erfolgreich seit vielen Jahrzehnten – und ihn mussten *nolens volens* auch nach 1989 Geister respektieren, die zuvor nicht einmal das Wort Nationalstaat in den Mund zu nehmen wagten. Doch nicht lange! Relativ bald schon phantasierte man erneut und sprach jetzt von postnationalen Konstellationen. Die Abgabe von Souveränität ist von konstitutiver Bedeutung für das Miteinander moderner Nationalstaaten. In einer interdependenten Welt gehört diese gewollte, nur freiwillig erbrachte Abgabe zum Vertrauenskapital moderner, fortschrittlicher Nationalstaaten – die aber Herren derartiger Verfahren bleiben. Dieses Modell des Miteinanders bestimmt auch die EU.

Manche dagegen gehen von einem Modell aus, nach dem der Nationalstaat in seinem Geltungsanspruch nicht mehr autonom sei, vielmehr gebe es eine ausgefranste, entkernte Zone, die den Nationalstaat erodiere. Hier wird der Nationalstaat sozusagen als Opfer der Entwicklung gesehen, nicht als Gestalter. Nähme man diese Rede ernst, die ja nicht einfach verkehrt ist, sondern durchaus etwas Beobachtbares beschreibt, sollte man sich redlicherweise fragen, warum man dann noch an diesem nationalstaatlichen Fossil überhaupt festhält, die Ruinen nicht je eher desto besser abräumt? Hier interessiert analytisch nur das Trommelfeuer, das die Idee des eigenständigen Staats trifft – des Verfassungsstaats, des Sozialstaats, desjenigen Staates, der mühsam genug via völkerrechtlichen Selbstbestimmungsrechts die Einheit seines Territoriums bewahrt, schließlich des Staates, der ein effektiver Garant der Grundrechte und der Gewaltenteilung ist.

Den Betreibern kosmopolitischer Projekte und weltbürgerrechtlicher Konstrukte – im Kern sehr diskutable Reflexionen – geht es gar nicht um die Abschaffung dieser Errungenschaften. Sie wollen sie auf einer höheren Ebene rekonstruieren, oder behaupten, dort gäbe es diese Dinge bereits. Man wird sagen dürfen, sie wollen eine andere Republik und nach *H. Lübbes* Beweislastregeln wäre von ihnen erst noch zu belegen, dass sie etwas Besseres schaffen.

Manchmal entsteht der Eindruck, als ob sich die Vertreter stark fortgeschrittener europäischer Integrationskonzepte sich in *imagined communities* bewegen; sie erfinden förmlich eine Gemeinschaft, Zivilgesellschaft, oder wollen intellektuell etwas konstruieren, was *sie* für vernünftig erachten. Dieses konstruktivistische Denken mag Europa voran bringen, aber um den Preis, dass den Ideen eigenstaatlicher Ansätze in Europa nicht nur Paroli geboten, sondern das Wasser abgegraben wird, ja sie delegitimiert werden sollen. Ein derartiges Vorgehen, was sich auch in vielen Kritiken des Lissaboner-Vertragsurteils des BVerGs nachweisen lässt, diskreditiert die bestehenden Verfassungsordnungen in Europa, darunter die des Grundgesetzes. So etwa u.a., wenn das Subjekt der demokratischen Legitimation ausgewechselt werden soll, wenn die Kompetenz zur Rechtssetzung in den Rechtssetzungsmaterien mehrheitlich an die EU übertragen würde, in Zweifel gezogen werden sollte, dass das Recht zur letzt verbindlichen Entscheidung in Identitäten betreffende Angelegenheiten in Zweifel gezogen würde.

Saskia Sassen hat in „Das Paradox des Nationalen" nachdrücklich gezeigt, wie sich die Nationalstaaten transformieren und wie sie globale Prozesse inkludieren und Teil dieses Prozesses werden und ihn eben dadurch auch mitgestalten. *Chantal Mouffe* hat die fixe Idee eines „kosmopolitischen Staates" einer fundamentalen Kritik unterzogen und für das Beibehalten einer Pluralität von Entscheidungszentren plädiert. Wie man es dreht und wendet, das Zeitalter der Staatlichkeit geht anscheinend noch nicht zu Ende. Wir müssen auch nicht in Untergangsphantasien und Untergangsstimmungen verfallen, wenn wir die Narrative des Staates einmal daraufhin befragen, wie die Geschichte eigentlich zu Ende gehen könnte – oder vielleicht schlicht auch weiterlaufen dürfte. Ein *happy end* ist allemal angenehmer als ein tragisches Ende und da wir schließlich Teil der Story sind, haben wir es eigentlich sogar in der Hand zu entscheiden, wie die Geschichte ausgeht.

Natürlich gibt es die Kraft des Faktischen in Europa, und die Magnetwirkung der EU ist groß. Aber Europa ist kein Oktroi. Wir leben in einer freien Gesellschaft. Wir können das Ende bedenken, es problematisieren, aber auch für Alternativen werben. *Respice finem* ist ein Weckruf, aber kein Slogan für Fatalismen, denn da steht das Ende und Fatum schon fest.

Literatur:

Dahrendorf, Ralf; Das überflüssige Projekt, in: Badische Zeitung, vom 4.10.2003; *Horst Dreier:* Gilt das Grundgesetz ewig? Fünf Kapitel zum modernen Verfassungsstaat, (Themen-Band 91 der Carl Friedrich von Siemens Stiftung, hrsg. von Heinrich Meier), München 2009; *di Fabio, Udo,* Die Staatslehre und der Staat, Paderborn 2003; *Frankenberger, Klaus-Dieter*, Mit langem Atem. Der Umgang mit gescheiterten Staaten verlangt strategische Geduld, in: FAZ vom 14. Januar 2010; *Fukuyama, Francis,* Staaten bauen. Die neue Herausforderung internationaler Politik, Berlin 2004; *Grant, Charles,* Is Europe doomed to fail as a power? With a response by Robert cooper; Centre for European Reform (CER)essays, London, July 2009; *Grimm, Dieter,* Das Grundgesetz als Riegel vor einer Verstaatlichung der Europäischen Union. Zum Lissabon-Urteil des Bundesverfassungsgerichts, in: der Staat, 48. Jg, 4/2009/475-495; *Haack, Stefan,* Verlust der Staatlichkeit, Tübingen 2007; *Hacke, Jens,* Die Bundesrepublik als Idee. Zur Legitimationsbedürftigkeit politischer Ordnung, Hamburg 2009. *Isensee, Josef,* Europa der Nationen oder europäische Nation – Von Grund und Ziel kontinentaler Organisation -, in: Staatsrecht und Politik. Festschrift für Roman Herzog zum 75. Geburtstag, hrsg. von Matthias Herdegen, Hans Hugo Klein, Hans-Jürgen Papier, Rupert Scholz, München 2009, S. 131-153; *Maier, Hans,* Ein Provisorium hat sich bewährt. Das Grundgesetz nach 60 Jahren, in: ZfP 56. Jg. 4/2009/409-426; *Mayer, Tilman,* Das Prinzip Nation am Beispiel Deutschland, Opladen, 2.A. 1987; *Müller, Reinhard,* In eigenen Angelegenheiten souverän, in: FAZ vom 28.8. 2007; *Müller, Reinhard,* Zahnlose Wächter. Subsidiarität ohne Substanz: Wie wird das Handeln der EU überprüft? In: FAZ vom 13.11.2007; *Mursmwiek, Dietrich,* Der Gedanke der souveränen Staatlichkeit als unabänderliches Verfassungsprinzip, in: Souveränitätsprobleme der Neuzeit. Freundesgabe für Helmut Quaritsch anlässlich seines 80. Geburtstages, hrsg. von Hans-Christof Kraus, Heinrich Amadeus Wolff, Berlin 2010, S. 95-147; *Mouffe, Chantal,* Eine kosmopolitische oder eine multipolare Weltordnung? In: DZPhil, 53/2005/69-81; *Papier, Hans-Jürgen,* „Die Union ist kein Staat und soll es nicht sein", FAZ.NET-Interview vom 24.7. 2007; *Plessner,*

Helmut, Die verspätete Nation, Frankfurt/Main 1974; *Rudolf, Walter,* Der Staat als Völkerrechtssubjekt zwischen Globalisierung und Partikularismus, in: Staatsrecht und Politik. Festschrift für Roman Herzog zum 75. Geburtstag, hrsg. Von Matthias Herdegen, Hans Hugo Klein, Hans-Jürgen Papier, Rupert Scholz, München 2009, S. 407-422; *Sassen, Saskia,* Das Paradox des Nationalen. Territorium, Autorität und Rechte im globalen Zeitalter, Frankfurt/Main 2008; *Schwarz, Hans-Peter,* Machtpolitische Hochstapelei. Die Architekten der europäischen Verfassung dachten an alles – nur nicht an die Wähler, in: DIE WELT vom 28. 4. 2005; *Streinz, Rudolf,* Die Finalität der EU und der Vertrag von Lissabon, in: Politische Studien, 60. Jg., 3/2009/52-60; *Voßkuhle, Andreas,* Fruchtbares Zusammenspiel, in: FAZ vom 22. April 2010.

Die Bundesrepublik als Idee. Zur Legitimationsbedürftigkeit politischer Ordnung[*]

Jens Hacke

Die Beschäftigung mit politischer Ideengeschichte ist starken konjunkturellen Schwankungen unterworfen, denn es gibt ganz gegensätzliche Auffassungen darüber, welche Bedeutung politischen Ideen zukommt. Am einen Ende der Skala steht der berühmte Ausspruch von Karl Marx, dass das Sein das Bewusstsein bestimme und die damit verbundene Aufforderung, Ideologiekritik zu üben, um die Klasseninteressen hinter dem Tand der Ideen aufzudecken. Am anderen Ende könnte man die Überzeugung von Cold War Liberals wie Friedrich August von Hayek oder Isaiah Berlin platzieren: Das totalitäre Zeitalter lehrte sie die verhängnisvolle Macht von Ideologien; sie betonten die wirklichkeitsverändernde Kraft von politischen Ideen, und natürlich ging es im Kalten Krieg darum, der richtigen, der liberalen Idee zum Sieg zu verhelfen.

Die ideengeschichtliche Forschung stand etwa von den 1960er bis in die 1980er Jahre im Schatten sozialgeschichtlicher Fragen. Höhenkammideengeschichte von großen Intellektuellen im Stile Meineckes wurde die Relevanz abgesprochen, mit einigen guten Gründen. Allerdings wurde die methodische Suche nach einer Sozialgeschichte der Ideen in dem Maße schwieriger, wie sich bestimmte politische Überzeugungen von festen Sozialmilieus zu lösen begannen. Und auch die Intellektuellensoziologie bot keinen Ausweg, wenn man etwas über die gesamtgesellschaftliche Bedeutung politischer Ideen und ihre Wirkungskraft sagen wollte. Vor diesem Hintergrund würde es hybrid anmuten, eine umfassende Ideengeschichte der Bundesrepublik zu avisieren. Wie sollte das funktionieren? Wie sollte man die verschiedenen Arenen, in denen politische Ideen sich formieren, ventiliert und kontrovers diskutiert werden, gewichten, in eine Ordnung bringen und synthetisieren? Jeder Versuch würde unzulässige Verknappungen mit sich bringen und bestimmte Schlagseiten haben. Die politische Ideengeschichte ist wahrlich ein weites Feld, und im Folgenden kann lediglich ein kleiner, der politischen Theorie zugänglicher Ausschnitt behandelt werden. Es ist zu problematisieren, mit welchen Ideen der Staat Bundesrepublik seit seiner Grün-

---

[*] Dieser Aufsatz fasst einige Überlegungen meines gleichnamigen Buches zusammen, das 2009 in der Hamburger Edition erschienen ist.

dung befrachtet wurde. Der Titel „Bundesrepublik als Idee" könnte dabei zunächst ein Missverständnis hervorrufen. Denn natürlich ist die Bundesrepublik –
und das ist aus einer politik- oder rechtswissenschaftlichen Perspektive fast
überflüssig zu betonen – zuallererst staatsrechtliche und politische Wirklichkeit.
Allerdings – und auch dies muss eigentlich nicht hervorgehoben werden – war
zum Zeitpunkt ihrer Gründung nur den allerwenigsten klar, worin die Legitimität und die normative Substanz der Bundesrepublik zu sehen war. Verbreitet war
der Vorbehalt, dass es sich bei dem westdeutschen Provisorium um einen „Staat
ohne geistigen Schatten" handelte, wie es der Erhard-Berater und Carl-Schmitt-
Schüler Rüdiger Altmann ausdrückte, oder um ein „Land ohne Idee" – so der
Literaturkritiker Friedrich Sieburg. Sieburg, den man mit gutem Recht noch als
einen gemäßigten Konservativen bezeichnen kann, brachte die von vielen geteilte Skepsis im Jahr 1954 auf den Punkt: „Unser Land ist wirtschaftlich lebensfä-
hig, das hat es in den letzten Jahren mit bestechender, wenn auch bisweilen etwas beunruhigender Deutlichkeit bewiesen. Aber es hat – um einen ganz einfachen Ausdruck zu gebrauchen – keine Seele, ihm fehlen Bewusstsein und Vorstellung seiner selbst."[1]

Zwar fällt es schwer, eine realistische Folie für Sieburgs Defizitanalyse zu finden, aber das Problem, das die Bundesrepublik seit ihrer Staatsgründung begleitet hat, wird deutlich: Nicht nur fehlte ihr als Staat ein überzeugender republika-
nischer Gründungsmythos, der eine wie auch immer geartete Identifikationsbereitschaft seiner Bürger generiert hätte. Sie war als parlamentarische Demokratie
und freiheitlicher Staat am Anfang, so könnte man sich gegen Sieburg wenden,
vor allem Idee – und wenig mehr. Das Grundgesetz mutet deshalb im Rückblick
als ein waghalsiges Versprechen auf die Zukunft an. Die zahlreichen Erfolgser-
zählungen der Bundesrepublik, die als „geglückte Demokratie" aus dem Schatten der Katastrophe den langen Weg nach Westen absolvierte, belehren uns über
die gelungene nachträgliche Legitimation dieses Projekts.[2] Modernisierung, Li-
beralisierung, Westernisierung sind die Schlagworte, die diesen Siegeszug begleiten. So richtig diese gesamtgesellschaftlichen Läuterungserzählungen sein
mögen: Die Perspektive der politischen Ideengeschichte liefert uns womöglich
ein Bild, das auf eine einlinige Fortschrittsgeschichte verzichten muss. Vielmehr
ist es ein Zeichen der Pluralität politischer Diskurse, dass schon früh normative

---

[1] Friedrich Sieburg, Die Lust am Untergang. Selbstgespräche auf Bundesebene, Hamburg 1954, S.
126.
[2] Vgl. etwa Axel Schildt, Ankunft im Westen. Ein Essay zur Erfolgsgeschichte der Bundesrepublik,
Frankfurt/M. 1999; Heinrich August Winkler, Der lange Weg nach Westen. Bd.2: Deutsche Geschichte vom „Dritten Reich" bis zur Wiedervereinigung, München 2000; Edgar Wolfrum, Die geglückte Demokratie. Geschichte der Bundesrepublik Deutschland von ihren Anfängen bis zur Gegenwart, Stuttgart 2006.

Leitlinien ausformuliert wurden, die sich allerdings in einem erheblich weiteren Meinungsspektrum bewähren mussten.

Eine pluralistische Verfasstheit politischer Diskurse prägt die Bundesrepublik seit ihren Anfängen.[3] Beispielsweise wird mit guten Gründen darauf verwiesen, dass der Antikommunismus der 1950er Jahre einhergehen konnte mit einer katholisch inspirierten, europäisch ausgreifenden Abendlandidee; ein weiteres gegenwartsdiagnostisches Paradigma war gleichzeitig der technokratische Konservatismus, der davon ausging, dass die Sachzwänge der Industriegesellschaft demokratischen Wettbewerb um politische Handlungsoptionen obsolet machten. Demgegenüber sollten aber auch die Bundesrepublikaner der ersten Stunden nicht vergessen werden, die in erzieherischer Absicht Politikwissenschaft als Demokratiewissenschaft betrieben und gegen die vermeintlichen Zwänge einer uniformen Massengesellschaft am Idealbild eines tugendhaften und partizipationsfähigen Bürgers im liberalen Staat festhielten. Wie über das Gemeinwesen, die politische Ordnung und die darin lebenden Bürger reflektiert wird, ist den Pendelschwüngen bestimmter Problemkonstellationen ebenso ausgesetzt wie bestimmten ewig wiederkehrenden Grundsatzfragen. Es steht jedoch außer Frage, dass sich in der Bundesrepublik eine bestimmte Reflexionskultur ausgebildet hat, die auch heutige Debattenlagen vorstrukturiert.

Nun wird ein ideenpolitisches Design der Bundesrepublik gewiss ebenso schwierig zu konturieren sein wie eine „vernünftige Identität".[4] Darin liegt auch nicht die erste Aufgabe politischer Theorie. Allerdings sollte die politische Ideengeschichte immer wieder eine Inventur dessen versuchen, was nachhaltigen Einfluss auf das politische Denken entfaltet hat. Wenn man am Staat als einer dem Gemeinwohl verpflichtete Entität festhält, kann man auch auf normative Selbstbeschreibung nicht verzichten. Um sie wird abseits von Verfassungstexten gerungen, und diese Auseinandersetzungen werden auch von politischen Denkern – Philosophen, Politikwissenschaftlern, Soziologen, Juristen, Historikern – geführt. Ohne diese Höhenkammdiskurse absolut zu setzen, sollte man sich nicht die Chance vergeben, aus ihnen zu lernen.

---

[3] Oder sogar schon in ihrer Entstehungsphase – siehe dazu die Studie von Michael Greven, Politisches Denken in Deutschland nach 1945. Erfahrung und Umgang mit der Kontingenz in der unmittelbaren Nachkriegszeit, Opladen/Farmington Hills 2007.
[4] Vgl. zu diesem Problem Jürgen Habermas, Können komplexe Gesellschaften eine vernünftige Identität ausbilden? (1974), in: ders., Zur Rekonstruktion des Historischen Materialismus, Frankfurt/M. 1976, S. 92-129.

I. Ausgebliebene Revolution und Legitimationsprobleme

Der Geburtsmakel der Bundesrepublik lag offen zutage. Die parlamentarische Ordnung des demokratischen Rechtsstaates war eher das Ergebnis einer umsichtigen Elite, die die Verfassung ausarbeitete, hatte aber weniger mit dem Willen der Bevölkerung als vielmehr mit den Vorgaben der Westalliierten zu tun. Eine Selbstbefreiung vom Nationalsozialismus hat es nicht gegeben, und der Zusammenschluss der drei Westzonen war schwerlich mit dem Ideal eines souveränen Nationalstaats in Einklang zu bringen. Das Unbehagen am neugegründeten Staat wurde von verschiedenen Richtungen artikuliert. Dass die konservative Seite, die vielen ehemaligen Sympathisanten einer „Konservativen Revolution" und des NS-Regimes Vorbehalte gegen die Bonner Republik hatte, muss nicht eigens betont werden. Allerdings pflegten Rechtsintellektuelle wie Carl Schmitt, Ernst Jünger oder Martin Heidegger „Gespräche in der Sicherheit des Schweigens" und bemühten sich, wie der Historiker Daniel Morat es genannt hat, um einen Übergang von der Tat zur Gelassenheit. Damit war nicht nur die Ablehnung jeder Rechtfertigung für das eigene Denken und Handeln in der Zeit vor 1945 verbunden, sondern man erhob für sich das Recht darauf, „Haltungen der Zurückgezogenheit und Weltabgewandtheit" zu kultivieren, die freilich von einem liberalen Staat, den man selbst ablehnte, zu tolerieren seien.[5] Die Zirkel dieser antiliberalen Denker reichten weit, scheuten aber ein direktes Engagement gegen die neue Ordnung.

Doch auch für die politische Linke war die Bundesrepublik eine Enttäuschung. Stellvertretend für viele beklagte der katholische Sozialist Walter Dirks schon die versäumte Chance einer sozialen Revolution und den „restaurativen Charakter der Epoche". Er warnte vor dem Rückfall in den Parteienhader der Weimarer Republik und wolle im Grundgesetz lediglich eine formale Demokratie erkennen. Nach dem Untergang des liberalen Zeitalters – das stand für Dirks fest – hatte man die Möglichkeit vertan, mit nachhaltigen Eingriffen in die Eigentumsverhältnisse dem Ziel einer humanistischen sozialistischen Ordnung im Sinne eines dritten Weges näher zu kommen.[6]

Das Motiv der versäumten Chance sollte die Bundesrepublik in verschiedenen Variationen begleiten. Kritische Intellektuelle haderten schwer damit, dass das deutsche Volk dem „Führer" bis in den Untergang gefolgt sei, ohne dass das Moment für einen revolutionären Umsturz jemals zu einer greifbaren Option

---

[5] Daniel Morat, Von der Tat zur Gelassenheit. Konservatives Denken bei Martin Heidegger, Ernst Jünger und Friedrich Georg Jünger 1920-1960, Göttingen 2007, S. 526f.
[6] Walter Dirks, Der restaurative Charakter der Epoche, in: Frankfurter Hefte 5 (1950), S. 942-954.

wurde. Dabei waren die Vorstellungen, die sich mit dieser versäumten Revolution verbanden, stets vage. Rigider Antikommunismus ging Hand in Hand mit nebulösen Konzepten eines christlichen Sozialismus, kulturkritische Abgesänge auf das liberale kapitalistische Zeitalter mündeten in Forderungen nach einem „dritten Weg". In der Rückschau wird deutlich, wie sehr in den unmittelbaren Nachkriegsjahren noch antiwestliche Melodien eines deutschen Weges den Ton bestimmten. Auch unter der – in dieser Hinsicht relativ lax gehandhabten – Zensur der Alliierten verschaffte sich ein vielstimmiges Orchester kritischer Stimmen Gehör und beklagte die westliche Bevormundung und die eingeschränkte Fähigkeit, einen eigenen Weg in die neue Staatlichkeit zu suchen. Das Neue, das sich im Grundgesetz manifestierte, als hoffnungsvollen Beginn zu deuten – dafür schien den meisten die Zeit noch nicht gekommen.

Auch republikanisch gesinnte Intellektuelle arbeiteten sich am Thema der der ausgebliebenen legitimierenden Gründungserfahrung ab, wie etwa der Philosoph Karl Jaspers, seine Schüler Hannah Arendt und – in anderer Akzentuierung – Dolf Sternberger. Wenn Jaspers von der „Einsicht in die Notwendigkeit der sittlich-politischen Revolution seit 1945" spricht, dann hallt darin noch die protestantisch-idealistische Vorstellung von einer innerlich-geistigen Umwälzung nach. „Unsere Demokratie ist nicht geboren aus der hochgemuten Gesinnung eines Befreiungskampfes", wusste Jaspers, „sondern uns verordnet, als wir ein Haufen überlebender Deutscher waren." Daraus ergebe sich die Aufgabe einer geistigen Aneignung, denn: „Die Neugründung unseres uralten deutschen Selbstbewusstseins liegt in der Gemeinschaft vorpolitischer Substanz, im Geist, in der Heimat. Aus dieser Substanz entspringt die je besondere staatliche Aufgabe, heute auch in der Bundesrepublik." Dass Jaspers die Aussicht auf die Bewältigung dieser Aufgabe mit der Zeit immer pessimistischer sah, brachte er in seiner skeptischen Lagebeurteilung *Wohin treibt die Bundesrepublik?* zum Ausdruck. Jaspers kritisiert darin eine Rückkehr zur politischen Normalität, die nur „die Normalität des ziellosen, unernsten, heimlich ratlosen Fortschlidderns" sei und forderte eine „Revolution der Denkungsart". Ein apodiktischer Ton durchzieht diese Krisenschrift: „Die einzige Alternative, die uns retten kann", schreibt Jaspers, „ist nicht eine vermeintliche Normalität, sondern die politische Wiedergeburt."[7] Hannah Arendt teilte diese Skepsis. Über die Bundesrepublik müsse man sich nicht weiter unterhalten, schrieb sie im Juni 1965 an ihren Lehrer, ihr sei „der Untergang an der Stirn geschrieben".[8]

---

[7] Karl Jaspers, Wohin treibt die Bundesrepublik? Tatsachen, Gefahren, Chancen, München 1966, hier S. 192.
[8] Hannah Arendt/Karl Jaspers, Briefwechsel 1926-1969, München 1987, 2. Aufl., S. 637.

Diese Mentalität war weit verbreitet – und in der Tat verstieg sich in den ersten beiden Nachkriegsjahrzehnten kaum jemand zu der Überzeugung, mit der Demokratie in Westdeutschland sei alles aufs Beste bestellt. Die Entwicklungschancen für den freiheitlich-liberalen Staat wurden jedoch ganz unterschiedlich gewertet. Es kam eben darauf an, welche Kriterien für ein gelingendes Gemeinwesen zählen sollten und wie diese Ansprüche an der Ausgangslage von 1945 gemessen wurden. Dolf Sternberger machte in seiner bedeutenden Rede über die „Herrschaft der Freiheit" bereits im Jahr 1946 klar, dass jedes revolutionäre Pathos in Deutschland mit der Gefahr belegt sei, lächerlich zu wirken – einfach aufgrund der Tatsache, dass äußere Umstände der Kriegsniederlage zur Befreiung von der Diktatur geführt hätten. Dies war für ihn kein Grund, neue Freiheiten auszuschlagen. Nur hielt er es für ganz natürlich, dass sich eine Aneignung und Einübung demokratischer Lebens- und Verhaltensformen zunächst vergleichsweise still und zurückhaltend zu vollziehen hätten. Mit Sinn für die politische Wirklichkeit, vor allem aber mit größerer Zuversicht als sein Lehrer Jaspers löste er sich von der Denkfigur eines verpassten Gründungsaktes. Dass „sich eine Revolution, die ausblieb, nicht nachholen" ließ, bedeutete für ihn keinen dauerhaften Makel. Der Emphase eines radikalen Gründungsaktes setzte er den Gedanken der lebendigen Verfassung entgegen. Sternberger vertraute darauf, dass das Volk sich aneigne, was einmal verordnet wurde: „Jeder Wahlakt und jede Phase der öffentlichen Diskussion, zumal in Momenten der Krise kann dazu beitragen, der Verfassung zum Leben zu verhelfen."[9] Sternberger hielt dabei das gemeinschaftliche bürgerliche Miteinander für wichtiger als nationale Größe und außenpolitische Souveränität. Er wurde nicht müde zu betonen, dass sich die Legitimität eines Staates einzig von der Zustimmung und Anerkennung seiner Bürger abhinge.

Dieses liberale Vereinbarungsdenken erreichte die Achtundsechziger nicht mehr. Auch eine jüngere reformorientierte Generation, die vielfach gewürdigten 1945er Ralf Dahrendorf, Wilhelm Hennis oder Hermann Lübbe, die vom Boden des Status quo argumentierten, konnten den Studentenprotest nicht beschwichtigen.[10] Es kristallisierte sich bald heraus, dass die Vorstellungen über die Veränderung der Verhältnisse sich proportional zu ihrer Vagheit radikalisierten. Der Revolutionsbegriff spielte dabei die zentrale Rolle im flexiblen Theoriebaukasten der Studentenbewegung. Dabei konnte man mit Marcuse für die „große

---

[9] Dolf Sternberger, Herrschaft der Freiheit (1946), in: ders., Verfassungspatriotismus (Schriften X), Frankfurt/M. 1990, S. 58-80, sowie ders., Jaspers und der Staat (1963), ders., Staatsfreundschaft (Schriften IV), Frankfurt/M. 1980, S. 159-170.

[10] Vgl. zu dieser Generation A. Dirk Moses, German Intellectuals and the Nazi Past, Cambridge 2007.

Verweigerung" und die „Rebellion" gegen den spätkapitalistischen Konsum-
zwang optieren, sich in der revolutionären Solidarität mit den unterdrückten Nationen der Dritten Welt üben und ihre Helden verehren oder allgemein das „fa-
schistische System der BRD" bekämpfen. Gesamtgesellschaftlich blieben solche
Vorstellungen zwar marginal, aber intellektuell lieferten sie Schlüsselreize, deren wahrer Verblendungszusammenhang heute noch staunen macht. „SDS –
Revolution in Deutschland?" titelte allen Ernstes das Nachrichtenmagazin Spiegel im mythischen Jahr 1968, und Hans Magnus Enzensberger, der schillernde
Dichter und „teilnehmende Beobachter" der Revolte, sah das Ende der Bonner
Republik kommen. In seinen *Berliner Gemeinplätzen* brachte er den Zeitgeist in
Sachen Revolution auf den Punkt. Die Tatsachen zeigten Enzensberger, „daß
das politische System der Bundesrepublik nicht mehr reparabel ist. Man muß
ihm zustimmen, oder man muß es durch ein neues System ersetzen. Eine dritte
Möglichkeit ist nicht abzusehen." Das Grundgesetz war für ihn „ein Versprechen, das die herrschende Klasse weder halten kann noch halten will. Nur die
Revolution kann es einlösen." Und wie so vielen Linken war es „nicht der Fa-
schismus, den wir erlebt haben", der Ängste einjage, sondern „es ist die Revolution, die ausgeblieben ist".[11] Das waren klare Worte, die freilich wenig Folgen
zeitigten.

Zum produktiven Erbe der Achtundsechziger zählt allerdings die Ex- und Inten-
sivierung der politischen Debatte. Die Bundesrepublik geriet unter Legitimati-
onsdruck, die eingeübten Freiheitsbeschwörungen eines Cold-War-Liberalismus
begannen hohl zu klingen und verfehlten neue Partizipationsbedürfnisse. Dieser
Mangel beeinflusste auch die theoretischen Debatten der 1970er, als – angesto-
ßen von Jürgen Habermas und Claus Offe – über die Legitimationsprobleme des
spätkapitalistischen Staates diskutiert wurde.[12] Aus der Perspektive der Linken
war es die Verselbständigung von Politik und Verwaltung, die ein demokratisches Legitimationsdefizit generierte. Legitimität bezog sich nun nicht mehr allein auf politische Herrschaft, sondern sollte eine Eigenschaft der gesamten Ge-
sellschaftsordnung sein, deren normative Anerkennungswürdigkeit auf dem
Spiel stand. Eine ernüchterte intellektuelle Linke hielt mittlerweile jede Form
von Revolution für aussichtslos in einer komplexen modernen Gesellschaft, zumal der Akteur fehlte. Die Phraseologie vom Proletariat als Subjekt revolutionä-

---

[11] Hans Magnus Enzensberger, Berliner Gemeinplätze (1968), in: ders., Palaver. Politische Überle-
gungen (1967-1973), Frankfurt/M. 1974, S. 7-40, hier S. 14, 26, 30.
[12] Jürgen Habermas, Legitimationsprobleme im Spätkapitalismus, Frankfurt/M. 1973; Claus Offe,
Strukturprobleme des kapitalistischen Staates, Frankfurt/M. 1972. Vgl. zum Kontext Jens Hacke,
Der Staat in Gefahr. Die Bundesrepublik der 1970er Jahre zwischen Legitimationskrise und
Unregierbarkeit, in: ders./Dominik Geppert (Hg.), Streit um den Staat. Intellektuelle Debatten in der
Bundesrepublik 1960-1980, Göttingen 2008, S. 188-206.

ren Handelns – oder einer Avantgarde, die an seiner statt zu agieren hatte – ver-
flüchtigte sich bei der „Rekonstruktion des historischen Materialismus". Statt
revolutionärer Befreiung und Übernahme der politischen Herrschaft ging es nun
um die Herstellung von Herrschaftsfreiheit, genauer: um die Eröffnung herr-
schaftsfreier Kommunikationsbedingungen. In einer Gesellschaft, die stetigem
Wandel unterworfen war, galt es, Räume für soziale und kulturelle Modernisierung zu öffnen. Denn die althergebrachten Institutionen standen diesen Wand-
lungserfordernissen im Wege und schränkten die Möglichkeiten für erforderli-
che Demokratisierungsschritte repressiv ein, so die geteilte Überzeugung. Sie
waren nicht in der Lage, aus sich heraus die nötige Anpassung an veränderte
normative Horizonte zu bewerkstelligen, sie verhinderten Emanzipation und
Demokratisierung.

Die sozialliberale Linke vollzog schließlich in den 1980er Jahren, angeleitet von
Jürgen Habermas, ihre verfassungspatriotische Wende. Als die revolutionären
Geister erfolgreich gebannt und auch der Studentenprotest von 1968 retrospek-
tiv als ein moderater Beitrag zur Verwestlichung gedeutet worden waren, traf
der Mauerfall die westdeutschen Intellektuellen als revolutionäres Ereignis
überwiegend unvorbereitet. Emsige westdeutsche Modernisierer sahen vor allem zwei Gefahrenherde, die aus einer Aufwertung des Mauerfalls als Revolution resultieren könnten: Zum einen fürchteten sie den Triumphalismus der
marktliberalen Kalten Krieger, die im Untergang des sowjetischen Machtsys-
tems lediglich die Bestätigung eigener Positionen sahen. Zum anderen hätte jede
revolutionäre Aufwertung der Ereignisse und die damit einhergehende Konsequenz, den Zustand des Provisoriums nun für beendet zu erklären, die Frage
nach der Legitimität einer neuen Ordnung mit sich gebracht – und damit die
mühsam erarbeitete Selbstanerkennung der Bundesrepublik und ihres Grundgesetzes entwertet. Die Ratlosigkeit der intellektuellen Eliten, ihre Distanz zu den
Ereignissen und ihre Unsicherheit in der Bewertung spiegeln diese Ambivalen-
zen wider.[13]

Revolution, Gründung und Legitimität beschreiben einen engen und spannungs-
reichen Zusammenhang im politischen Denken der Bundesrepublik. Die revolutionären Ereignisse von 1989 werden mit Sicherheit nicht dadurch entwertet,
dass sie der Verfassungsordnung der liberalen Demokratie in Deutschland keine
neuen Aspekte hinzufügten. Die Selbstbefreiung der Bürger der DDR und die in
Frieden und Freiheit durchgeführte Vereinigung mussten keine Spuren in einer

---

[13] Vgl. Alexander Cammann, 1989 neu entdecken. Die verdrängte Gründungsrevolution der Berliner
Republik, in: Undine Ruge/Daniel Morat (Hg.), Deutschland denken. Beiträge für die reflektierte
Republik, Wiesbaden 2005, S. 55-70.

Verfassung zu hinterlassen, um angemessene Würdigung zu erfahren. Bürgerliches Selbstbewusstsein und die gleichzeitige Bestätigung der freiesten, an universalen Prinzipien ausgerichteten politischen Ordnung, die in Deutschland je Geltungskraft erlangte, ergänzten einander, und auch ohne ein formales Plebiszit über die eine neue Verfassung ließ sich aus diesem Doppelereignis Legitimität generieren. Es muss kein Nachteil für einen freiheitlichen Staat sein, wenn er seine politische Identität aus komplexeren Prozessen der nachträglichen Gründung, Legitimierung und revolutionären Bestätigung ableitet.

II. Staat und Gesellschaft

Nach der Katastrophe des Nationalsozialismus waren die Selbstverständlichkeiten deutschen Staatsdenkens in Frage gestellt. Fern lag die Zeit, als man mit Hegel den Staat als Wirklichkeit der sittlichen Idee zu erkennen glaubte und das Staatsvertrauen im Glauben an einen institutionalisierten Rechtsfortschritt zur Entfaltung der Freiheit seinen Ausdruck fand. Ebenso beschädigt war das Vertrauen in die Selbstorganisationskräfte der Gesellschaft, nachdem sich die widerstreitenden, fragmentierten sozialen Kräfte und Interessengruppen in der Weimarer Republik als nicht integrierbar erwiesen hatten. Das Nachdenken über eine künftige Ordnung im Nachkriegsdeutschland musste vor diesem Hintergrund neu ansetzen, denn es galt das Verhältnis von Staat und Gesellschaft auszutarieren, um Stabilität zu generieren, Freiheit zu ermöglichen und die Voraussetzungen für ökonomische Leistungsfähigkeit zu schaffen. Der Diskurs über das Verhältnis von Staat und Gesellschaft war in der Bundesrepublik durchaus vielfältig und bietet bis heute eine Fülle von Anknüpfungsmöglichkeiten.

1. Die politisch-moralische Rahmung der Marktwirtschaft: das ordoliberale Modell

Es käme einer Trivialisierung der Wirkungsgeschichte des Ordoliberalismus gleich, reduzierte man ihn auf den Status einer ökonomischen Theorie. In jüngster Zeit ist das innovative Potential des Ordoliberalismus wieder ins Blickfeld gerückt, möglicherweise weil man den mit dem Liberalismus identifizierten Kapitalismus wieder in der Krise sieht. Schon den Ordoliberalen ging es darum, den „Irrweg" des Liberalismus zu verlassen und das „Versagen des Wirtschaftsliberalismus" zu analysieren.[14] Der Liberalismus war im totalitären Zeitalter in

---

[14] Vgl. etwa Wilhelm Röpke, Die Gesellschaftskrisis der Gegenwart, Erlenbach-Zürich 1942.

die Krise geraten, weil er das gesellschaftliche Verlangen nach Sicherheit und die Frage der sozialen Gerechtigkeit vernachlässigt hatte, das war die Überzeugung von Wilhelm Röpke, Alexander Rüstow, Alfred Müller-Armack oder Walter Eucken. Wie Michel Foucault in seinen Vorlesungen zur Gouvernementalität herausgearbeitet hat, sahen sich die Ordoliberalen vor der Herausforderung, eine neue Form für den Kapitalismus zu finden. Der Markt stand zwar weiterhin im Zentrum dieses neoliberalen Denkens, aber den Glauben an seine Autonomie oder sein natürliches Prinzip hatte man verloren. Der Markt war ein hochartifizielles Gebilde, das nur unter gerechten Konkurrenzbedingungen segensreiche Wirkung entfaltete; Marktordung musste hergestellt werden. Der Staat gründete seine Legitimität fortan „auf die garantierte Ausübung einer wirtschaftlichen Freiheit", oder, wie Foucault pointiert: „Die Wirtschaft erzeugt Legitimität für den Staat, der ihr Garant ist."[15] Die Ordoliberalen haben aber mehr im Sinn, als es Foucaults absichtsvolle Deutung des Liberalismus als rationale Regierungspraxis nahe legt. Zwar sollte der Staat als robuster Schiedsrichter für die strikteste Einhaltung der Spielregeln und für „sportliche Fairness" sorgen, wie Röpke betonte, aber seine Grundlage besaß er im Sittlichen – in der Garantie der Menschen- und Bürgerrechte, in der moralischen Autorität des Rechtsstaates.

Die ordoliberale Theorie stellte den Staat in den Dienst der Gesellschaft und ihrer ökonomischen Bedürfnisse. Der handlungsfähige Staat, den sie entwarf, verzichtete auf andere Staatszwecke, als für das Wohl und die freie Entfaltung seiner Bürger unter rechtsstaatlichen Bedingungen zu sorgen. Weder spielte nationale Selbstbehauptung oder außenpolitische Machtentfaltung noch das Ideal der Volkssouveränität irgendeine Rolle in ihren Überlegungen. Sicherlich haftete den ordoliberalen Entwürfen etwas zum Teil rührend Anachronistisches an, wenn das Idealbild des Grundstückeigentümers entworfen wird, der zur Selbstversorgung in der Lage ist; wenn die Rückkehr zum Kleinbetrieb und zu einer „Verländlichung der Industrie" angestrebt wird. Entscheidender ist aber, dass der Ordoliberalismus das Staatsverständnis zugleich pragmatisiert und konkretisiert hat. In scharfer Abgrenzung zur obrigkeitsstaatlichen Tradition aber auch im Unterschied zur Verklärung des Staates als unhinterfragte Verwirklichung einer sittlichen Idee beschreiben die Ordoliberalen Staatsaufgaben, die sich nicht an der Nation und deren bloßer Lebenserhaltung orientieren, sondern am einzelnen Bürger. Sie gehen fest davon aus, dass die Gesellschaft durch den Staat gestaltbar ist; allerdings beruht diese staatliche Politik auf der Einsicht in Notwendigkeiten, die nicht unbedingt der demokratischen Legitimität als viel-

---

[15] Vgl. Michel Foucault, Die Geburt der Biopolitik. Geschichte der Gouvernementalität II. Vorlesungen am Collège de France 1978/79, Frankfurt/M. 2006. S. 122-124.

mehr kompetenter Verwaltungseliten bedarf, die die Stellschrauben der Staatsmaschine justieren.

2. Technokratische Entpolitisierung: Die Bundesrepublik als Staat der Industriegesellschaft

Die Soziologen der ehemaligen Leipziger Schule Hans Freyer, Arnold Gehlen und Helmut Schelsky teilten diese Skepsis gegenüber einer demokratischen gesellschaftlichen Selbstorganisation. An die Stelle einer normativen Staatsidee ist nun das technisch zu verwirklichende Ziel von Wohlfahrt und Sicherheit getreten. „Der harte Kern des heutigen sozialen Ganzen ist nicht mehr der Staat", schreibt Ernst Forsthoff, „sondern die Industriegesellschaft, und dieser harte Kern ist durch die Stichworte Vollbeschäftigung und Steigerung des Sozialprodukts gekennzeichnet."[16] Man kann darin die Wende von Konservativen hin zu einer gewissen Modernitätsoffenheit erkennen. Aber es war eine um normative Gehalte halbierte Moderne, die in dieser Position deutlich wurde. Mit der unaufhaltsamen Dominanz der Technik verlor nämlich „die Idee der Demokratie ihre klassische Substanz: an die Stelle des politischen Volkswillens tritt die Sachgesetzlichkeit, die der Mensch als Wissenschaft und Arbeit selbst produziert", verkündete Schelsky in einer viel zitierten Passage aus dem Jahr 1961, um zu der bekannten martialischen Formel zu kommen: „Die moderne Technik bedarf keiner Legitimität; mit ihr herrscht man, weil sie funktioniert."[17]

Aus dieser Gegenwartsanalyse ergab sich ein wenig anheimelndes Bild von Staat und Gesellschaft in der Bundesrepublik – und man mag mit gutem Recht fragen, inwiefern diese technokratische Theorie der Gesellschaft überhaupt eine Rolle spielen soll, wenn es um die Bundesrepublik als Idee geht. Anders als die Ordoliberalen glaubten die Soziologen der Industriegesellschaft nicht mehr an normativ inspiriertes politisches Handeln. In Wahrheit waren sie von einem Ende der Politik überzeugt – und entwarfen ein postpolitisches Szenario. Die konservativen Technokraten gaben einem verbreiteten Zeitgefühl den radikalsten Ausdruck. Zugleich gebot ihnen der selbst auferlegte kalte, realistische Blick, diese Entwicklung emotionslos und ohne Bedauern zur Kenntnis zu nehmen. Sie standen der Annahme fern, dass der Staat durch normative Integration die Freiheit der Bürger in irgendeiner Weise erhöhen könnte, geschweige denn dass die

---

[16] Ernst Forsthoff, Der Staat der Industriegesellschaft. Dargestellt am Beispiel der Bundesrepublik, München 1971, S. 164.
[17] Helmut Schelsky, Der Mensch in der wissenschaftlichen Zivilisation (1961), in: ders., Auf der Suche nach Wirklichkeit. Gesammelte Aufsätze, Düsseldorf 1965, S. 439-480, hier S. 453, 456.

Bürger überhaupt in der Lage seien, auf die politische Entwicklung Einfluss zu nehmen.

Der Staat reagierte nur noch unzulänglich auf gesellschaftliche Entwicklungen, vermochte sie aber kaum mehr zu lenken. Es war keineswegs zufällig, dass den Konservativen der Staatsbegriff als theoretisches Paradigma immer nebulöser wurde. Da die Bundesrepublik in ihren Augen ein allenfalls defizitäres Staatsgebilde war, klang Carl Schmitts apodiktische Weisung aus dem Jahr 1963, dass die Epoche der Staatlichkeit zu Ende gehe, plausibel. Auch sein Schüler Rüdiger Altmann empfing allenfalls „späte Nachrichten vom Staat". Die Gegenwart des liberalen Rechtsstaates schien ohne Entscheidungszentrum auszukommen, bedachte noch nicht einmal den Ausnahmezustand und erwies sich als Agentur einer „nivellierten Mittelstandsgesellschaft", die außerhalb ihrer eigenen materiellen Interessen keinerlei Ambitionen oder politischen Formwillen zeigte.

3. Luhmann und Habermas

Der Entwurf der Technokraten war genau besehen eine Antiphilosophie der Politik; die Bundesrepublik war nicht mit einer Idee verbunden, sondern reine gesellschaftliche Faktizität. Diese übersteigerte Sicht der Dinge, in der Wahlakte und demokratische Legitimation kaum Bedeutung besaßen, war deswegen wichtig, weil sie den Diskurs über das Wesen des Staates entscheidend verschärfte. Es gab verschiedene Möglichkeiten, auf die Herausforderung dieses Modells zu reagieren. Noch zum Anfang der 1970er Jahre führten Niklas Luhmann und Jürgen Habermas die Auseinandersetzung um die Frage „Theorie der Gesellschaft oder Sozialtechnologie?". Dass Soziologen die Gesellschaft und nicht den Staat zum Thema machen, ist an sich noch keine Besonderheit. Die beiden Theoretiker schließen aber direkt an die ältere Soziologengeneration an. Luhmann entwickelt Freyers Idee der sekundären Systeme weiter zu einer Theorie sozialer Systeme, die grundsätzlich neue Sprachregelungen trifft. Für Luhmann ist „der Staat [...] nichts außerhalb der Gesellschaft, er ist eines ihrer Funktionssysteme". Die Gesellschaft ist nun das „umfassendste Sozialsystem, das alle möglichen Kommunikationen zwischen Menschen ordnet", und das politische System schrumpft zu einem ihrer Teilsysteme. Nach dem Niedergang staatlicher Souveränität bleibt eine Gesellschaft „ohne Spitze und ohne Zentrum" übrig; auch der „Wohlfahrtsstaat" existiert eigentlich nur noch als eine *façon de parler*, die „realisierte politische Inklusion" beschreibt.[18]

---

[18] Niklas Luhmann, Politische Theorie im Wohlfahrtsstaat, München/Wien 1981, S. 19, 22, 27.

Luhmann verabschiedete den Staat als eine „Ordnungsvorstellung, die nur unter den besonderen Bedingungen des neuzeitlichen Europas funktionieren konnte". Für ihn gab es mittlerweile nur noch Kommunikationen im Namen des Staates, aber keine Möglichkeit mehr, den Staat vorzustellen „als eine existierende Einheit, die in der Erfüllung ihrer Aufgabe ihr Wesen realisiert". Weniger als ein „Resultat der Selbstaktualisierung einer bereits bestehenden Einheit" sei der Staat womöglich das „Resultat einer Selbstmystifikation, die notwendig ist, damit man von Kommunikation zu Kommunikation, von Ereignis zu Ereignis Kontinuität herstellen kann". In diesem Akt radikaler Dekonstruktion geht es Luhmann nur noch darum, „nach den historischen und regionalen Bedingungen für die Plausibilität einer solchen Selbstmystifikation" zu fragen.[19] Doch die Bundesrepublik hat in den Augen des ironischen Beobachters Luhmann noch nicht einmal eine glaubhafte Selbstmystifikation hervorgebracht, geschweige denn die Begründung einer eigenen kulturell-politischen Identität. In einem aufschlussreichen Text von 1990 erkennt er im ökonomischen Erfolg und in der Kultur der Protestbewegung die einzigen Hinterlassenschaften der alten Bundesrepublik, mit denen man angesichts der Herausforderungen im wiedervereinigten Deutschland nichts mehr anfangen könne. Ansonsten sieht er den Bonner Staat nur in auffallender historischer Diskontinuität: „Aber nichts, was bleiben könnte. Auch nichts, was zu bewahren sich lohnte."[20] Ein niederschmetternder Befund, in jeder Hinsicht.

Jürgen Habermas sah dies im Rückblick auf die Bonner Republik entschieden anders. Er teilte zwar die Auffassung, dass die Bundesrepublik weder einen Mythos noch irgendeine Form einer emotionalisierbaren staatlichen Repräsentation hervorgebracht habe. Doch wertete er den zurückhaltenden Umgang mit Staatssymbolik positiv im Lichte eines ernüchterten Rationalitäts- und Legitimitätsgewinns. In seinem Werk wie in seiner Haltung spiegelt sich das prozedurale Element nachträglicher staatlicher Selbstanerkennung. Noch in den 1960/70er Jahren hatte er die Analyse des technokratischen Konservatismus aufgenommen und vor Technik und Wissenschaft als Ideologie des Staates gewarnt. Im herrschaftsfreien Diskurs und in einer Theorie der kommunikativen Kompetenz sollen Alternativen zu den existenten repressiven Institutionen des Staates berücksichtigt werden. Demokratisierung heißt für Habermas „die institutionelle Ver-

---

[19] Niklas Luhmann, Gesellschaftsstruktur und Semantik. Studien zur Wissenssoziologie der modernen Gesellschaft Bd. 4, Frankfurt/Main 1994, S. 101f., 107.
[20] Niklas Luhmann, Dabeisein und Dagegensein (1990), wieder abgedruckt in Eberhard Rathgeb, Die engagierte Nation. Deutsche Debatten 1945-2005, München/Wien 2005, S. 358-361.

knüpfung politischer Herrschaft mit Diskursen, in denen ein begründeter Konsens erzielt werden soll".[21]

Habermas setzte auf emanzipative Kräfte in der Gesellschaft. Erst die Beschäftigung mit dem Recht und dessen Sicherungsfunktion für Freiheit und normative Standards ließen ihn seine ursprüngliche Institutionenskepsis überwinden. Die Erfolgsgeschichte der Bundesrepublik sieht Habermas darin, dass sie als gelebte Verfassung zu den universalistischen Werten des Westens aufgeschlossen habe. Auf ein individuell ausgeprägtes Staatsbild mit eigenen Symbolen, Ritualen und Traditionen hat sie dabei aus seiner Sicht zum Glück weitgehend verzichten können. Somit positiviert er genau diejenigen Eigenschaften, die den Konservativen der 1950er Jahre noch als Kriterien für defizitäre Staatlichkeit gegolten hatten.

Habermas' Aufnahme des Sternbergerschen Begriffs vom Verfassungspatriotismus dient dazu, eine vernünftige kollektive Identität herauszubilden bzw. kenntlich zu machen. Es schwebt ihm weniger eine Form der Staatsfreundschaft, der Loyalität und affektiven Bindung vor. Vielmehr bedeutet für ihn die Beschränkung auf allgemeine Verfassungsprinzipien deswegen einen Vorzug, weil sie nicht mehr auf das konkrete Ganze der Nation zielt, sondern weil damit in abstrakter und universaler Weise Anschlussfähigkeit gewonnen wird. Dass Habermas' Begriffswahl auf den Verfassungspatriotismus fällt, macht deutlich, dass er nicht mehr von einer individuierbaren Einzelstaatlichkeit ausgeht, gleichwohl aber im Gegensatz zu Luhmann an der Idee normativer Integration festhält. Staatsskeptisch bleibt Habermas, weil er den Nationalstaat an eine Epoche der Gewalt gebunden sieht.

Der Staat ist für Habermas zuvörderst Rechtsstaat. Aber ein Modell deliberativer Politik, das nicht mehr vom Großsubjekt eines gemeinschaftlichen Ganzen, sondern von anonym verzahnten Diskursen ausgeht, soll sicherstellen, dass Sozial- und Rechtsstaat, die durchaus ohne Demokratie vorstellbar sind, keine sozialtechnische Regulationsebene für Eliten werden.[22]

Vormoderne traditionelle Orientierungen und religiöse Werte gehen nicht mehr in überlieferte Sittlichkeitsvorstellungen ein, sondern geraten „in den Strudel der Reflexion" und in das „Säurebad erbarmungsloser öffentlicher Diskurse", um universalen Wahrheitsansprüchen zu genügen und eine kommunikative Morali-

---

[21] Jürgen Habermas, Kleine Politische Schriften I-IV, Frankfurt/M. 1981, S. 323-326.
[22] Jürgen Habermas, Faktizität und Geltung. Beiträge zur Diskurstheorie des Rechts und des demokratischen Rechtsstaats, Frankfurt/M. 1998, S. 647-649.

tät zu generieren. An der Volkssouveränität als legitimierendes Überbleibsel einer nationalstaatlich organisierten Verfasstheit des Gemeinwesens hält Habermas unverändert fest; sie sucht sich nun über neue diskursive Prozeduren Ausdruck zu verschaffen, die in erster Linie über das Recht zu fassen sind. Der Staat ist deshalb nichts anderes mehr als ein institutionelles Arrangement. So lässt sich denn auch kein Leitbild des Staates normativ festzurren, da eine Wir-Perspektive der Selbstbestimmungspraxis nur aus der Verständigung der verschiedenen koexistierenden Lebensformen einer multikulturellen Gesellschaft gewonnen werden kann. Dieser Vorrang zivilgesellschaftlicher Verständigung unter den Bedingungen einer gemeinsamen politischen Kultur bleibt Habermas' Kernanliegen. Damit pointiert der Sozialphilosoph das Dilemma einer soziologisch aufgeklärten politischen Philosophie, die in komplexen Gesellschaften keine konkrete ideelle Einheitsstiftung durch den Staat mehr entdecken kann und deshalb auf affektive Momente der Selbstbindung und Identifikation verzichten muss.

4. Liberale Staatsfreundschaften

„Auf die Dauer reicht die dünne Luft des von aller Gesellschaft getrennten Staates nicht aus zum Überleben."[23] Diese 1965 getroffene Feststellung von Ralf Dahrendorf bestimmte den Konsens eines bundesrepublikanischen Liberalismus, der Gründe sah am Staatsbegriff trotz aller Untiefen festzuhalten. Markant hat Ernst-Wolfgang Böckenförde das Dilemma der liberalen Staatsauffassung beschrieben. „Der freiheitliche säkularisierte Staat" lebe – so die vielzitierte Böckenförde-Doktrin – „von Voraussetzungen, die er selbst nicht garantieren kann." Damit meinte er zum einen jene moralischen „Antriebe und Bindungskräfte, die der religiöse Glaube seiner Bürger vermittelt" oder zumindest jene Werte, die sich auf christliche Traditionen zurückführen lassen.[24] Zum anderen entspricht einer solchen Sichtweise die Vorstellung, dass institutionalisierte Diskurse über das Recht allein nicht ausreichen. Es bedarf bestimmter motivationaler Ressourcen, die nicht allein über Vernunft und kognitive Anerkennung zu generieren sind. In einem politischen Gemeinwesen braucht die Zivilgesellschaft weiterhin ein orientierendes Gegenüber, muss also weiterhin – vorsichtig – an einem Dualismus von Staat und Gesellschaft festgehalten werden. Partizipation und bürgerliches Engagement streben nur auf ein Gemein-

---

[23] Ralf Dahrendorf, Gesellschaft und Demokratie in Deutschland, München 1965, S. 249.
[24] Ernst-Wolfgang Böckenförde, Die Entstehung des Staates als Vorgang der Säkularisation (1967), in: ders., Staat, Gesellschaft, Freiheit. Studien zur Staatstheorie und zum Verfassungsrecht, Frankfurt/M. 1976, S. 42-64, insbes. S. 60f.

wohl hin, wenn politisches Handeln einen institutionell erfahrbaren Rahmen oder Adressaten in Form des Staates besitzt, der gewissermaßen die relative Gemeinsamkeit einer Gesellschaft repräsentiert. Böckenförde hält es für „eine Illusion zu meinen, eine staatliche Ordnung könne allein aus der Gewährleistung selbstbezogener individueller Freiheit leben, ohne ein bestimmtes Wir-Gefühl vermittelndes einigendes Band, das dieser Freiheit vorausliegt". Dieser „sense of belonging" wird aus vor-rationale Quellen gespeist: eingelebte mentale Traditionen, praktizierte Sitten und Lebensformen, Mythen, religiöse Überzeugungen, eine gemeinsame Sprache und ein bestimmtes kulturelles Bewusstsein. Demokratisch organisierte Staatlichkeit bleibt für Böckenförde Ausdruck von Zusammenhörigkeit und Gemeinsamkeit eines Gemeinwesens.[25]

Auch Wilhelm Hennis hat sich besonders nachdrücklich gegen eine technizistisch verengte Vorstellung vom Staat gewandt. Aus seiner Sicht bleibt jede Politik untrennbar mit dem Staatsbegriff verknüpft, denn nur „von seiner Aufgabe, dem ihm gesetzten Ziel her können der Staat und sein Recht, kann das Politische angemessen verstanden werden". Zu einer „vernünftigen Staatsanschauung" gehört für Hennis nach wie vor „die Sorge für die gute Ordnung". „Zweck des Staates ist das Gemeinwohl, das wir als den Zustand bezeichnen, der ein tugendgemäßes Leben ermöglicht." Damit ist auch schon auf das zirkuläre Verhältnis von Tugend und liberalem Staat angespielt; letzter ist auf sie angewiesen, um sie zugleich weiter zu pflegen. Hennis spielt bewusst das alte normative Vokabular aus, welches den „eigentlichen Stoff der Politik" erst „transparent" mache, „um die Leerbegriffe Wohlfahrtsstaat, Verwaltungsstaat, Sozialstaat mit einer gewissen Anschauung zu erfüllen".[26] Anders gewendet: soziale Gerechtigkeit, Freiheit und Solidarität beruhen auf einer sittlichen Reziprozität von Staat und Gesellschaft. Da der Staatszweck im Gemeinwohl eine moralische Grundlage besitzt, sind die Bürgerinnen und Bürger in der Lage, dem Staat nicht nur einen Vertrauensvorschuss zu liefern, sondern sich ethisch in gewisser Weise auf ihn zu verpflichten, ohne sich ihm vollständig auszuliefern. Das ist deshalb möglich, da der „Staat als liberalitätsgarantierender Ordnungsrahmen" (Lübbe) fungiert, der Pluralität zulässt und somit eine freiwillige Anerkennung erleichtert.

Der Staat bedarf allerdings mehr als einer aufgeschlossenen und anerkennungswilligen Haltung seiner Bürger; er ist auf ein staatsbürgerliches Ethos angewie-

---

[25] Ernst-Wolfgang Böckenförde, Der säkularisierte Staat. Sein Charakter, seine Rechtfertigung und seine Probleme im 21. Jahrhundert, München 2007, S. 24ff.
[26] Wilhelm Hennis, Politik als Praktische Wissenschaft. Aufsätze zur politischen Theorie und Regierungslehre, München 1968, S. 14, 18, 36.

sen, auf praktizierte „Staatsfreundschaft" (Sternberger) und auf „Institutionen-
treue" (Lübbe). Das Unbehagen auch eines liberalen bundesrepublikanischen
Staatsdenkens setzt an drei Ebenen an: *Erstens* macht die funktionale Ausdifferenzierung der Gesellschaft und damit auch der institutionellen Arrangements
von Regierung und Verwaltung die Aufgaben- und Verantwortungszuschrei-
bung immer schwieriger. „Es wächst zwar die Weite seiner Aufgaben, aber in
gleichem Maße wächst die Schwäche seiner eigenen Entscheidungsmacht", so
beschreibt Ernst-Wolfgang Böckenförde das Dilemma des Staates.[27] *Zweitens*
droht eine zunehmende Identifikation von Staat und Wirtschaft. Die von den
Ordoliberalen intendierte Pragmatisierung der Staatszwecke, die nunmehr in der
Aufrechterhaltung des wirtschaftlichen Prozesses, des Wohlstands und des frei-
en Marktes liegen, birgt die Gefahr, die Legitimität des Staates einseitig auf die
Rolle eines Leistungsträgers für die Gesellschaft festzulegen. Damit geraten
drittens seine sittlichen Bestandsvoraussetzungen in den Hintergrund und die
staatsbürgerlichen Tugenden rinnen aus.

Die Reflexion über den Staat zeigt einen pluralistischen Selbstverständigungs-
diskurs, der seinen Ausgang bei der Entmythisierung des Staatsbegriffs nach der
totalitären Erfahrung nimmt. Die Ordoliberalen rationalisieren und
pragmatisieren die Legitimation des Staates im Hinblick auf seine ökonomischen Aufgaben. Anders als der technokratische Konservatismus verknüpfen sie
diese Beschränkung zwar noch mit einem Kern bürgerlicher Tugendvorstellun-
gen. Formen der demokratischen Selbstorganisation und Willensbildung innerhalb der Gesellschaft, die auf den Staat einwirken könnten, spielen allerdings
bei beiden Denkströmungen keine Rolle. Der Staat – und dies ist durchaus typisch für eine verbreitete Auffassung von „verwissenschaftlichter" Politik in den
1960/70er Jahren – bietet das Instrumentarium für *social engineering*, für eine
weiträumige Planung der Gesellschaft über Wirtschaftssteuerung im Zeichen
des Keynesianismus, Städtebau, Verkehr und Bildung. Die Neue Linke, die
prinzipiell eine ähnliche Machbarkeitseuphorie im Namen gesellschaftlicher
Selbststeuerung teilte, entdeckte, mitunter geführt von Jürgen Habermas, die
Aporien eines solchen Glaubens, vor allem als sich schädliche und unerwartete
Nebenfolgen solcher Gesellschaftspolitiken einstellten. Wenn über Zielhorizon-
te gestritten wurde, berührte dies Fragen des Normativen – und vor allem das
Problem, auf welche Weise Einigung darüber erzielt bzw. wie eine solche Einigung legitimiert werden konnte. Hinter den Schlagworten politischer Rhetorik
wie einem „aktivierenden Staat" musste immerhin eine Vorstellung liegen, wozu und zu welchem Zweck denn Staatstätigkeit führen sollte.

---

[27] Ernst Wolfgang Böckenförde, Die Bedeutung der Unterscheidung von Staat und Gesellschaft im
demokratischen Sozialstaat der Gegenwart (1972), in: ders., Staat, Gesellschaft, Freiheit, S. 209.

III. Ausblick

Die Legitimität einer liberalen Demokratie lässt sich kaum mehr herrschaftssoziologisch bestimmen. Weder die Fiktion der Volkssouveränität, noch die Prozeduren und Verfahren des Verfassungsstaates reichen dafür aus. Mit Jürgen Habermas kann man unter Legitimität generell „die Anerkennungswürdigkeit einer politischen Ordnung" verstehen. Legitimitätsansprüche beziehen sich dann „auf die sozialintegrative Wahrung einer normativ bestimmten Identität der Gesellschaft".[28] Die Rede von der Legitimationsbedürftigkeit politischer Ordnung ruft die vielfältigen Quellen der Legitimität in Erinnerung; sie sorgen dafür, dass in einer Gesellschaft, die sich liberal als eine pluralistische definiert, stets nur von relativer Gemeinsamkeit und mehrheitlicher Zustimmung die Rede sein kann. Das bedeutet auch, dass Legitimität immer mit der Gefahr des Transitorischen behaftet bleibt, da sie sich nie fixieren lässt, sondern stets neuen Bewährungsproben ausgesetzt ist.

Die Bundesrepublik war ein „verdächtiger Staat", wie Rüdiger Altmann 1969 bemerkte, und blieb seit ihrer Gründung in besonderer Weise „auf Rechtfertigungen aller Art angewiesen". Sie hatte ständig zu beweisen, dass sie sich als Demokratie ernst nahm, den Frieden wollte und sich zu einem stabilen, nach innen und außen nützlichen Staat entwickelte. Schon damals wies Altmann auf die Merkwürdigkeit einer intellektuellen Diskussion hin, in der „diese erstaunlichen Leistungen eines geburtsschwachen Staates nicht anerkannt, sogar dementiert werden".[29] Gleichwohl vertrat er ein eher zweckrationales Verständnis von Legitimität, denn gegen (aus seiner Sicht) übertriebene normative Ansprüche legitimierte sich die Bundesrepublik durch Funktionsfähigkeit und Stabilität. Eine solche Reduktion des Legitimitätsbegriffs auf eine „Legitimation durch Verfahren" (Luhmann) hat in der liberalen Demokratie stets Kritik auf sich gezogen, da ihr eine geistige Dimension fehlte. Dolf Sternberger hat eine spezifisch bürgerliche Legitimität eingefordert, die auf Vereinbarung, demokratischer Partizipation und willentlicher Zustimmung zu den Grundwerten des Gemeinschaftslebens beruhen müsse. Ein allgemeines Unbehagen an der deutschen Gesellschaft der 1960er Jahre führte zu einer Zuspitzung dieser Bestandteile demokratischer Legitimität. Die Sicherung von Menschen- und Bürgerrechten war noch keine erschöpfende legitimierende Leistung des Staates. Neben diesen unmittelbar benennbaren Legitimitätsgründen der Funktionalität und demokratischen Teilhabe bzw. Rückbindung spielt in den Diskursen, welche die Bundesrepublik als Idee entwerfen, ein weiterer, schwer fassbarer Aspekt eine wichtige Rolle. Er berührt

---

[28] Jürgen Habermas, Zur Rekonstruktion des Historischen Materialismus, Frankfurt/M. 1976, S. 276.
[29] Rüdiger Altmann, Abschied vom Staat. Politische Essays, Frankfurt/M./New York 1998, S. 92.

all das, was zur Besinnung auf eine gemeinsame kollektive Identität und zu einem gesellschaftlichen Zusammenhalt beiträgt. Es geht also um die Emergenz einer ideellen Gemeinschaftsstiftung und eine geteilte Geschichte, die aus erfolgreichen Krisenbewältigungen eine historisch gewachsene Legitimität bezieht.

Freilich bleiben alle legitimitätsgenerierenden Gesichtspunkte Gegenstand des Meinungsstreits, und womöglich stiftet immer noch der dauerhafte skeptische Vorbehalt gegenüber dem eigenen Staat die fruchtbarsten Debatten über die legitimatorischen Grundlagen und den identitären Zusammenhalt der Bundesrepublik. Gemessen an der verhältnismäßig gleichförmig und friedlich verlaufenen Geschichte der letzten sechzig Jahre fallen die überraschend schwarzmalerischen Krisenszenarien auf, mit denen Intellektuelle von Jaspers über die Neue Linke bis hin zu Konservativen wie Arnulf Baring das Scheitern der Republik visionierten. Auch der Althistoriker Christian Meier fragte 1997 in der Post-Wiedervereinigungsagonie der Ära Kohl besorgt, „was die Bundesrepublik ohne ihren nicht nur wirtschaftlichen, sondern auch sozialen und zivilisatorischen Erfolg noch ist", weise sie doch mittlerweile „ein starkes Legitimationsdefizit" auf: „Wahrscheinlich werden wir die Grundlagen unseres Gemeinwesens neu bedenken müssen."[30] Mindestens genauso wichtig wie die von Meier geforderte Begegnung mit der deutschen Vergangenheit aus veränderter Perspektive scheint aber auch in besonderer Weise die Vergegenwärtigung dessen, was die politische Ideengeschichte der Bundesrepublik uns an Einsichten liefert, um neuen Problemlagen angemessen begegnen zu können.

Trotz vieler drängender Herausforderungen wirkt die politische Diskussionskultur heute ermattet. Das ist paradox, denn die offenen Fragen zur Zukunft des Wohlfahrtsstaates, zum Verhältnis zwischen Staat und Wirtschaft oder zur Krise und Transformation des Parteiensystems sind in der Gegenwart zugleich unklarer und potentiell kontroverser als die Streitthemen früherer Jahrzehnte. In den 1960/70er Jahren war der Wohlfahrtsstaat trotz heftig ausgefochtener weltanschaulicher Differenzen Teil eines liberalen Konsenses. Mittlerweile scheint eine Unübersichtlichkeit der politischen Orientierung und Handlungsalternativen eingetreten zu sein, die der Klärung durch politisch-theoretische Reflexion in eminenter Weise bedarf. Bisweilen drängt sich der Eindruck auf, dass neue, vermeintliche Sachzwänge der Globalisierung, der Europäisierung oder allgemein der wachstumsorientierten Ökonomie die Imperative der Politik bestimmen. Darüber gerät in Vergessenheit, dass die Legitimationsansprüche an politi-

---

[30] Christian Meier, Das Verschwinden der Gegenwart. Über Geschichte und Politik, München 2004, S. 67.

sches Handeln auch weiterhin begründbare Zwecke und normativ einleuchtende Motive einfordern – gerade weil Politik komplexer geworden ist. Mit dem Verlust einiger Kompetenzen und Entscheidungsmonopole haftet der Nationalstaat über die Grenzen seiner Handlungsspielräume hinaus. Die Finanzkrise 2008/09 hat das Dilemma des Staates überdeutlich vor Augen geführt; er gerät in die Abhängigkeit von autonomen Marktprozessen und steht unter dem Dauerdruck prinzipieller Überforderung, wenn er den Erwartungen der Bürger entsprechen soll. Der Staat darf sich weder dem Drängen der Wirtschaft ausliefern noch die Bürger aus der Verantwortung entlassen. Zur normativen Identität des Staates gehört, dass die Bürger nicht lediglich als Anspruchsberechtigte auftreten, sondern gegenüber dem Gemeinwesen zugleich Verpflichtung empfinden und Gestaltungswillen geltend machen. Eine gute politische Ordnung erlöst den Bürger nicht aus seiner Selbstverantwortlichkeit, sondern ermöglicht ihm in Freiheit politisch zu handeln.

Alerte Publizisten sehen im Niedergang einer Debattenkultur und in der zunehmenden politischen Abstinenz der Bürger, die schon inflationär als Politikverdrossenheit gekennzeichnet worden ist, ernsthafte Zeichen für die Gefährdung der Republik.[31] Das ist sicherlich übertrieben. Dennoch weist eine solche Wahrnehmung nach Jahren einer großen Koalition, die ohne politischen Entwurf zuletzt vor allem Krisenverwaltung betrieben hat, mit einigem Recht auf eine besorgniserregende Entkernung des politischen Denkens in der Bundesrepublik hin. Es zeigt sich, dass eine vitale politische Kultur auf den Stachel des Konflikts angewiesen bleibt, weil nicht zuletzt Meinungsstreit und konkurrierende, aber konturierbare politische Konzepte anhaltend integrativ wirken. Bei aller Zufriedenheit über die in langen Prozeduren erreichte prinzipielle Selbstanerkennung der Bundesrepublik birgt eine passive Akzeptanz des politischen Systems die Gefahr, die politischen Verhältnisse in ein Stadium der Fraglosigkeit zu überführen – die Gleichgültigkeit der Bürger wäre die Folge.

Der Blick auf einige hervorragende Figuren der bundesrepublikanischen politischen Ideengeschichte sensibilisiert für die anhaltende Notwendigkeit, sich über die Grundlagen der Politik immer neu zu verständigen. Selten gibt es eindeutige Lösungen, noch weniger gibt es eindeutige Sieger, die zu einem bestimmten Zeitpunkt Recht gehabt haben. Es wäre eine sinnfreie Frage, ob die Prägekraft staatlicher Institutionen für die liberale Demokratie in Deutschland wichtiger gewesen ist als bürgerliche Partizipation oder sich formierende Protestbewegungen. Immer geht es um Ausgleich. Staatsaufgaben machen Bürgertugenden

---

[31] Albrecht von Lucke, Die gefährdete Republik. Von Bonn nach Berlin 1949 – 1989 – 2009, Berlin 2009.

nicht obsolet; auch eine bewährte gewaltenteilige Institutionenordnung muss sich offen halten für gesellschaftliche Impulse; alternative bürgerschaftliche Initiativen müssen die Chance haben, das etablierte Parteiensystem zu bereichern.

Die Bundesrepublik wird als Idee stetigen Weiterdenkens bedürfen, nicht nur weil sich ihre Gestalt äußerlich nach der Wiedervereinigung gewandelt hat. Einmal abgesehen von den Veränderungen, die sich im internationalen System mit der Erweiterung von EU und NATO ergeben haben, ist die deutsche Gesellschaft zu der eines Einwanderungslandes geworden. Dabei versteht sich von selbst, dass die politische Kultur ohnehin fortwährend neuen Selbstverständigungsprozessen unterworfen bleibt. Doch auch wenn in den vergangenen zwanzig Jahren viel von Neu- und Umgründung der Bundesrepublik oder von verpassten Gelegenheiten dazu die Rede war, sorgt ein Blick ins Archiv der politischen Ideengeschichte für Nüchternheit. Zu Veränderungen kann nur derjenige aufbrechen, der weiß, wer er ist, weil er die Traditionen der Bonner Republik kennt, auf denen er aufbaut.

Deutschland oder Europa – Wer verfügt über die bessere Erzählung?

Reinhard Müller

I. „Uns" - Herzog und die Mongolen

Im September 1995 begann der erste frei gewählte Präsident der Mongolei seine erste Europareise bei „uns" in Deutschland, wie Bundespräsident Roman Herzog damals bei einem festlichen Abendessen in der Villa Hammerschmidt in Bonn sagte. „Die Menschen Ihres Landes, ihre Geschichte faszinieren uns Deutsche…Gegensätze ziehen sich an. Das macht einen Teil der deutschmongolischen Freundschaft aus. „Den anderen Teil erklärt der Blick weit zurück in die Geschichte als Ihr Volk, Herr Präsident, uns 1241 bei Liegnitz staunendes Fürchten lehrte. Seither ranken sich bei uns viele Legende um die mächtigen Herrscher der Mongolei, um ihre wagemutigen und furchtlosen Menschen, um die weltweit bestaunten Meister der Reitkunst und um die hohe mongolische Kultur." Man wüsste gern mehr von jenem Abend in der Villa Hammerschmidt, schließlich fuhr Herzog fort, der Besuch lasse „diese historischen Erinnerungen aufleben".

Zur Erinnerung: Liegnitz 1241 In der Schlacht bei Liegnitz besiegte am 9. April 1241 ein mongolisches Heer eine polnisch-deutsche Streitmacht. Auf dem Weg zum Ufer der Oder lag nur noch das Herzogtum Schlesien zwischen Mitteleuropa und den Mongolen. Herzog von Schlesien war damals Heinrich II., genannt „der Fromme". Er stellte eiligst eine Armee von etwa 4000 Mann zusammen. Das mongolische Heer unter Baidar Khan war mit mehr als 10.000 Reitern weit überlegen. Trotz ihres Sieges auch über die Ungarn drangen die Mongolen nicht weiter nach Westen vor, möglicherweise weil Großkhan Ögedei Khan im Dezember 1241 starb und die Erbfolge unklar war. Vermutlich zogen die mongolischen Anführer ab, um einen neuen Herrscher zu wählen.

II. Nichtgeschichte?

Uns aber interessiert das „uns", das Roman Herzog gebrauchte. Damit widerlegte er ein neues, altes Vorurteil: Schließlich wurde und wird alle deutsche Geschichte vor 1933 wurde zur Vorgeschichte des III. Reiches, und damit zur „Nichtgeschichte". „Die Einsicht über den Zivilisationsbruch Hitlers wurde zeitlich zurückgelegt", schrieb etwa Karl Heinz Bohrer schon vor Jahren: Mit der Diskussion über die deutsche Schuld am Ersten Weltkrieg „begann die Reduktion von deutscher Geschichte auf Schuldgeschichte". Demnach herrscht eine „moralisierende Verneinung" und eine Europa-Utopie, verbunden mit der Obsession, den deutschen Nationalstaat verschwinden zu sehen. Wozu, so wird anlässlich zahlreicher Jahrestage gefragt, brauchen wir heute noch Mythen? Haben sie nicht ins Verderben geführt? Herfried Münkler hat darauf hingewiesen, dass keine der „Nationalmythen", Barbarossa, Nibelungensage sowie der Faustische Teufelspakt eine „Erfolgserzählung" gewesen sei. „Was Erfolg in der Zukunft garantieren sollte, beruhte auf der Erzählung von Scheitern in der Vergangenheit." „Es geht um Todesmut als ästhetisierte Form der Hingabe an ein als unabwendbar stilisiertes Schicksal. Münkler beschreibt die den deutschen „Kampf gegen Rom", der seinen Anfang in der Niederlage des römischen Statthalters Varus im Teutoburger Wald nimmt, und in Luthers Reformation gipfelt. Diese Ereignisse wirken in der mythologischen Deutung allesamt als Fixpunkte in „Zeiten der Unterlegenheit", die Einigkeit und Zusammenhalt erfordern. Der Cherusker Arminius, der deutsche Herrmann dient dabei als der innere Versöhner der Germanen, Luther als sozialpolitisches Vorbild.

Gleichwohl scheint auch Münkler nach einer mythischen Neufundierung der Republik zu suchen. Barbarossa im Kyffhäuser, Nibelungen, Faust, das klassische Weimar, Luther, Canossa - das sind Mythen, die, wie Münkler meint, heute keine Kraft mehr haben. Die Nibelungen sind uns verlorengegangen, schreibt Gustav Seibt, aber wir haben eine Rechtsstaatsrevolution gewonnen: „Der Tausch ist gut."

III. Die Bundeskanzlerin und die Varusschlacht

Dabei ist es doch so, dass „selbst der Staat … keine mächtigeren ungeschriebnen Gesetze als das mythische Fundament" kennt, wie Friedrich Nietzsche einst annahm. Soziale Gemeinschaften leben von Identifikationsbereitschaft. Zusammenhalt kann durch gemeinsame Erinnerungen erzeugt werden. Die Schweiz etwa bezieht ihren nationalen Gründungsmythos als Eidgenossenschaft bis heute auf den mittelalterlichen Rütlischwur. Der Ort des mythischen Geschehens am Vierwaldstättersee fungiert als eine Art Pilgerstätte, die viele SchweizerInnen schon in ihrer Schulzeit besuchen. Das gilt auch für andere historische Orte und Ereignisse: das Amselfeld oder an die Erstürmung der Bastille 1789. Gibt es also gar keine deutsche Erzählung mehr, keine Erzählungen, jedenfalls, die weiter als 1945 zurückreichen? Schon die häufige Befassung mit solchen Erzählungen im Jubiläumsjahr könnte dagegen sprechen. Aus vielen öffentlichen Reden mögen Mythen verschwunden, oder sagen wir aus den Reden der Öffentlichkeitsarbeiter. Doch sollte man sich davon nicht täuschen lassen - und einmal das Volk sprechen lassen: So ist das Herrmannsdenkmal ein populärer Ausflugsort. Schon in den 1950er Jahren war es in Westdeutschland ein beliebtes Ziel, so dass die jährlichen Besucherzahlen teilweise die Millionengrenze überschritten. Nach einem kurzen Aufschwung direkt nach der Deutschen Wiedervereinigung 1989/90 gehen die Besucherzahlen seit Mitte der 1990er Jahre allerdings zurück.Den Kyffhäuser besuchen mehr als 200 000 Menschen im Jahr. Und seit Eröffnung der Ausstellung zur Varusschlacht im Mai 2009 waren 100 000 Besucher in Kalkriese. Gewiss sind das vor allem Kaffeeausflüge, doch auch Basiswissen wird auf die eine oder andere Art vermittelt. Weiß der Amerikaner oder Franzose so viel mehr von seinen Mythen?

Doch auch die ganz große Politik wendet sich wieder sehr alten Ereignissen zu: In der Öffentlichkeit kaum beachtet hielt Bundeskanzlerin Angela Merkel, die sonst eher wenig historisches Pathos zeigt, am 15. Mai 2009 an berühmtem Ort eine Rede. Der Anlass: Die Eröffnung der Ausstellung „Imperium Konflikt Mythos. 2.000 Jahre Varusschlacht" in Kalkriese. Anwesend waren auch der Herr Präsident des Europäischen Parlaments, sowie die Ministerpräsidenten „lieber Christian Wulff und lieber Jürgen Rüttgers." Die Ausstellung sei „außergewöhnlich…, weil sie nicht, wie wir das in diesen Tagen oft tun, an 60 Jahre Bundesrepublik oder sogar nur an 20 Jahre Mauerfall erinnert, sondern weil das Ereignis, an das wir denken, 2.000 Jahre zurückliegt. Aber je länger es zurückliegt, umso größer ist vielleicht die Faszination eines solchen Ereignisses wie die Varusschlacht. Sie ist Gegenstand wissenschaftlicher Forschung, von Bildung und von Identität." Das „Wunderschöne" sei, dass sie die Gedanken der Menschen in einem umfassenden Ausmaß beschäftigt. „Hier in Kalkriese soll an den tödlichen Hinterhalt des Cheruskerfürsten Arminius erinnert werden." Von dem Historiker Alexander Demandt, der selbst dort sprach auf den sich Merkel stützt, sei „sehr schön gesagt worden", dass Kalkriese die „höchste Plausibilität" besitze und dass alle anderen Orte keine höhere Beweiskraft entwickeln könnten. Man könne ja, so Merkel, „in den nächsten 2.000 Jahren weiterarbeiten. Sehen wir einmal, ob das Jubiläum „4.000 Jahre Varusschlacht" auch noch hier in

Kalkriese gefeiert werden wird." Die Ausstellung gehe der Frage nach, warum bei den Germanen, die eigentlich die Sieger waren, keine Ruhe einkehrte, warum sie weiterhin permanent Krieg führten. Es sei schon oft darauf hingewiesen worden, „dass wir heute glücklicherweise in einer friedlichen Zeit leben. Allerdings haben wir das als Germanen eben auch nicht aus eigener Kraft geschafft, sondern es hat des europäischen Gedankens bedurft."

„Von den Fragen an die Geschichte klingen einige immer noch sehr aktuell. Denn die Welt vor 2.000 Jahren ist zwar mit der heutigen kaum zu vergleichen, aber Kriege gehören eben immer noch zum Alltag." ...Deshalb freue ich mich sehr, dass hier in Kalkriese die Erkenntnisse über diese Vergangenheit in Europa so umfassend genutzt werden können. „Mit Sicherheit wird die Varusschlacht auch im Haus der Europäischen Geschichte ihren angemessenen Platz finden." „Dies ist ein spannender Teil europäischer Geschichte. Für uns ist es einer, der bei allem Leid der Schlacht ein erfolgreicher war. Man kann sich nicht ausdenken, was sonst gewesen wäre und wie die Germanen sich weiterentwickelt hätten. So sind wir froh, heute in einem friedlichen Europa zu leben und trotzdem am Ort dieser Schlacht zu sein".

IV. Europa

Bei Merkel klingt schon an, dass die Erzählungen Deutschlands und Europas miteinander verwoben sind: Der wirkmächtigste Europa-Mythos ist: Der mächtigste olympische Gott, Zeus (in der römischen Sagenwelt: Jupiter), verliebt sich in die Tochter eines phönizischen Königs, Europa. Der Göttervater verwandelt sich in einen weißen Stier und gelangt im Schutz einer Rinderherde in die Nähe der am Mittelmeerstrand spielenden Jungfrau. Die dem Tier bald so sehr, dass sie sich auf seinen Rücken setzt. Zeus entführt sie daraufhin aufs offene Meer und schwimmt mit ihr bis nach Kreta. Aus der anschließenden Verbindung des Gottes mit der Phönizierin entspringen drei Söhne. Später heiratet Europa den kretischen König Asterios, dessen Nachfolger der Zeus-Sohn Minos wird. Das ist das mächtigste Bild Europas.

Zwar werden die europäischen Völker auch durch Mythen zusammenhalten. Teilweise ist es dabei auch gelungen, konfliktträchtige Erzählungen auf internationaler Ebene umzudeuten; so etwa, indem die Erzählung von der vermeintlichen deutsch-französischen Erbfeindschaft während der zweiten Hälfte des 20. Jahrhunderts gezielt durch Versöhnungsgesten entkräftet wurde. Aber welcher europäische Mythos ruft genügend Gefühle wach, um die europäischen Bürger für ein gemeinsames Ziel zu mobilisieren? Die Viten europäischer Persönlichkeiten wie Karls des Großen oder auch der Gründerväter der Europäischen Union nehmen diese Rolle bislang nur sehr bedingt ein. Zumeist werden solche historischen Persönlichkeiten eher durch nationale Erinnerungskulturen vereinnahmt. Die Europafahne und der Euro hingegen sind heute zwar allgegenwärtig, doch wie weit tragen sie? Die Identität Europas, so meint etwa Benjamin Drechsel, war seit jeher in der Vielfalt seiner Wurzeln zu suchen und in der Verbindung verschiedener Kulturen. Es gebe keine „starke, europäische Homogenität suggerierende Ursprungserzählung", aber doch eine, die den Anforderungen des 21. Jahrhunderts mit seinem Wanderungsbewegungen und „dynamische Identitäten" gerecht werde.

Allerdings gibt sogar in der jüngeren Generation eine Abneigung gegen eine europäische Fremdherrschaft; die Begründung der Alten, dass die europäische Idee nach dem großen Morden Frieden brachte, fasziniert noch, aber sie enthält für die heutige EU keine ausreichende Legitimation mehr bereit. Hier scheint doch die gebrochene deutsche Identität sich wieder zu finden; man scheint gar deutsche Staatlichkeit - in Abwehr zu Europa - wieder zu entdecken. Europa jedenfalls wird sich schwertun, die Erzählung von seiner Idee fortzusetzen, wenn es sich ohne ausreichende Grundlage als feudales Projekt neu gründen will.

Wer hat die bessere Erzählung? Ein Blick in zwei deutsche Präambeln: Im Bewusstsein seiner Verantwortung vor Gott und den Menschen, so beginnt das Grundgesetz, von dem Willen beseelt, als gleichberechtigtes Glied in einem vereinten Europa dem Frieden der Welt zu dienen, hat sich das Deutsche Volk kraft seiner verfassungsgebenden Gewalt dieses Grundgesetz gegeben. Die Deutschen in den Ländern Baden-Württemberg, Bayern, Berlin, Brandenburg, Bremen, Hamburg, Hessen, Mecklenburg-Vorpommern, Niedersachsen, Nordrhein-Westfalen, Rheinland-Pfalz, Saarland, Sachsen, Sachsen-Anhalt, Schleswig-Holstein und Thüringen haben in freier Selbstbestimmung die Einheit und Freiheit Deutschlands vollendet. Damit gilt dieses Grundgesetz für das gesamte Deutsche Volk.

Auch die Sächsische Verfassung greift weit zurück in die Geschichte, kommt von unten: Anknüpfend an die Geschichte der Mark Meißen, des sächsischen Staates und des niederschlesischen Gebietes, gestützt auf Traditionen der sächsischen Verfassungsgeschichte, ausgehend von den leidvollen Erfahrungen nationalsozialistischer und kommunistischer Gewaltherrschaft, eingedenk eigener Schuld an seiner Vergangenheit, von dem Willen geleitet, der Gerechtigkeit, dem Frieden und der Bewahrung der Schöpfung zu dienen, hat sich das Volk im

Freistaat Sachsen dank der friedlichen Revolution des Oktober 1989 diese Verfassung gegeben.

Noch ein Blick an den Anfang der irakischen Verfassung: Hier geht es zwar nicht um Deutschland und Europa, aber um die Neugründung eines alten Landes: „Im Namen Gottes des Gnädigen, des Barmherzigen."

„Wahrlich, wir haben die Kinder Adams geehrt" (Koran 17:70)
Wir, die Söhne Mesopotamiens, Land der Propheten, Ruhestätte der heiligen Imame, führend in der Zivilisation und Erfinder des Alphabets, Wiege der Arithmetik: in unserem Land wurde das erste angewandte Gesetz der Menschheit geschrieben; in unserer Nation wurde der edelste Zeitraum der Gerechtigkeit in der Politik der Nationen festgelegt; auf unserem Boden beteten die Anhänger des Propheten und die Heiligen, die Philosophen und die Naturwissenschaftler verfassten Theorien, und die Schriftsteller und Dichter schufen ihre Werke. In Anerkennung des göttlichen Rechts über uns; dem Ruf unserer Nation und unserer Bürger gehorchend; dem Ruf unserer religiösen und nationalen Führer und der Beharrlichkeit unserer großen religiösen Autoritäten und unserer Führer und Reformer folgend, begaben wir uns zu Millionen erstmals in unserer Geschichte an die Wahlurnen, Männer und Frauen, Jung und Alt, am 30. Januar 2005, und gedachten dabei der schmerzlichen Erfahrungen der fanatischen Unterdrückung der Mehrheit durch die despotische Gruppe; angespornt durch das Leiden der Märtyrer Iraks - Sunniten und Schiiten, Araber, Kurden und Turkomanen, und der verbliebenen Brüder in allen Gemeinschaften - angespornt durch die Ungerechtigkeit gegen die heiligen Städte im Volksaufstand und gegen die Sümpfe und anderen Orte; in Erinnerung an die Todeskämpfe der nationalen Unterdrückung in den Massakern von Halabdscha, Barzan, Anfal und gegen die Faili-Kurden; angespornt durch die Tragödien der Turkomanen in Baschir und das Leiden der Menschen in der Westregion, welche die Terroristen und ihre Verbündeten als Geiseln nehmen und von der Teilnahme an den Wahlen und der Errichtung einer Gesellschaft des Friedens, der Brüderlichkeit und Zusammenarbeit abhalten wollten, damit wir einen neuen Irak schaffen können, einen Irak der Zukunft, ohne Fanatismus, rassische Auseinandersetzungen, Regionalismus, Diskriminierung oder Isolierung.

Terrorismus und Takfir (die Bezeichnung eines anderen als Ungläubigen) haben uns nicht daran gehindert vorwärts zu schreiten, um eine Nation des Rechts aufzubauen. Fanatismus und Rassismus haben uns nicht davon abgehalten, zusammen zu marschieren, um unsere nationale Einheit zu stärken, Wege zu einer friedlichen Machtübergabe zu errichten, uns eine Art und Weise zur gerechten

Verteilung des Reichtums und zur Erteilung gleicher Möglichkeiten für alle anzueignen.

Wir, die Menschen des Irak, neu erstanden aus unseren Katastrophen und mit zuversichtlichem Blick in die Zukunft durch ein demokratisches, föderales, republikanisches System, sind fest entschlossen - Männer und Frauen, Jung und Alt - die Herrschaft des Gesetzes anzuerkennen, die Politik der Aggression zu verwerfen, Frauen und ihre Rechte, die Älteren und ihre Bedürfnisse, die Kinder und ihre Angelegenheiten zu beachten, die Kultur der Vielfältigkeit zu verbreiten und den Terrorismus zu entschärfen.

Wir sind die Menschen des Irak und verpflichten uns, in all unseren Formen und Gruppierungen unsere Verbindung frei und aus eigener Wahl aufzubauen, aus den Lektionen der Vergangenheit für die Zukunft zu lernen, diese permanente Verfassung aus dem Blickwinkel der hohen Werte und Ideale der himmlischen Botschaften und der Entwicklungen der Wissenschaft und menschlichen Zivilisation niederzuschreiben und uns an diese Verfassung zu halten, welche die freie Verbindung von Menschen, Land und Souveränität des Irak erhalten soll."

Und so beginnt der Vertrag von Lissabon mit seiner Präambel:
SEINE MAJESTÄT DER KÖNIG DER BELGIER,
DER PRÄSIDENT DER REPUBLIK BULGARIEN,
DER PRÄSIDENT DER TSCHECHISCHEN REPUBLIK,
...
IHRE MAJESTÄT DIE KÖNIGIN DES VEREINIGTEN KÖNIGREICHS GROSSBRITANNIEN UND NORDIRLAND –

IN DEM WUNSCH, den mit dem Vertrag von Amsterdam und dem Vertrag von Nizza eingeleiteten Prozess, mit dem die Effizienz und die demokratische Legitimität der Union erhöht und die Kohärenz ihres Handelns verbessert werden sollen, abzuschließen,

SIND ÜBEREINGEKOMMEN, den Vertrag über die Europäische Union, den Vertrag zur Gründung der Europäischen Gemeinschaft und den Vertrag zur Gründung der Europäischen Atomgemeinschaft zu ändern,
und haben zu diesem Zweck zu ihren Bevollmächtigten ernannt:

SEINE MAJESTÄT DER KÖNIG DER BELGIER
Guy VERHOFSTADT, Premierminister
Usw usw.

Wer hat die bessere Erzählung? Hier liegt die Antwort.

Mythischer Zauber – Die großen Erzählungen und die Politik

Herfried Münkler

Politisches Handeln, das mehr sein will als bloßes Hantieren an den Stellschrauben des Systems, muss narrativ eingebettet sein. Es muss sich als Schritt in einem langfristigen Projekt erklären können. Das kann die dauerhafte Sicherung des Wohlstands trotz der Krisenanfälligkeit des Weltmarkts sein, die Schaffung eines geeinten und friedlichen Europa in einer nach wie vor unfriedlichen Welt oder auch die Herstellung einer Weltordnung, in der es weder Kriege noch Hunger und Not gibt. Mitte des 19. Jahrhunderts war die Einigung Deutschlands unter einem einheitlichen politischen Dach eine solche große Erzählung. Anfang des 20. Jahrhunderts war es dann der Kampf um den berühmten „Platz an der Sonne", und einige Jahrzehnte später waren es die Erzählungen vom „Kampf der Rassen" und von der Volksgemeinschaft, die als narrative Einbettung einzelner Schritte und Maßnahmen der operativen Politik dienten.

Die Zusammenstellung einiger auf die deutsche Geschichte bezogener Beispiele zeigt sogleich: Die großen Erzählungen verändern sich in Reaktion auf äußere Herausforderungen und innere Spannungen oder Verwerfungen, aber das Erfordernis, Politik in große Erzählungen einzubetten, besteht offenbar unabhängig davon, ob es sich bei den je verfolgten Zielen um universale oder partikulare Projekte handelt, ob diese Ziele moralisch hochstehend oder zutiefst verwerflich sind, ob man sie als politisch erreichbar oder schlicht utopisch ansieht. Vermutlich hätte man vor zwei, drei Jahrzehnten einen Teil dieser politischen Erzählungen bzw. politischer Mythen, wie ich sie nennen möchte, als Ideologie bezeichnet. Aber da Ideologie ein abwertender und nicht wertneutraler Begriff ist, hätte man dann sogleich wieder einige der aufgeführten Erzählungen vom Ideologieverdacht losgesprochen – freilich um den Preis, dass Dissens darüber geherrscht hätte, was Ideologie und was ein realistisches politisches Projekt sei.

Wenn anstatt von Ideologien von großen Erzählungen oder politischen Mythen gesprochen wird, so hat das den Vorzug, dass damit nicht festgelegt ist, ob man dafür oder dagegen zu sein hat, sondern dies der anschließenden Einzelfallprüfung überlassen kann. Wir haben uns angewöhnt die politischen Konstellationen seit dem Ende der Ost-West-Konfrontation als postideologisches Zeitalter zu bezeichnen: Der Nationalismus hat Europa in Krieg und Verderben gestürzt, die Verheißungen des Kommunismus haben sich als trügerisch erwiesen, und zuletzt ist auch so mancher Wechsel, der im Vertrauen auf die Versprechen des Kapitalismus ausgestellt wurde, schnöde geplatzt. Postideologisches Zeitalter heißt, dass die Politik nun wesentlich pragmatischer betrieben wird als zuvor.

Ist mit dem Anbeginn des postideologischen Zeitalters auch die Ära der großen Erzählungen zu Ende gegangen? Wohl kaum. Die Enttäuschung großer Hoffnungen und Erwartungen hat noch nie etwas daran geändert, dass sich die Menschen erneut Ziele gesetzt und Erzählungen über deren Bedeutsamkeit in Umlauf gebracht haben. Diese Erzählungen sind in der Regel so angelegt, dass sie eine Verbindungslinie zwischen Vergangenheit und Zukunft herstellen, wodurch die Gegenwart einen Platz im großen Geschehen erhält. Die Erzählung politischer Mythen verleiht dem politischen Handeln des Augenblicks einen gewissen Zauber, indem sie den prosaischen Zahlenspielen des finanziell Machbaren und der betrüblichen Feststellung des Unbezahlbaren den Sinn eines Schritts auf einem weiten Weg verleiht. In der prosaischen Sprache der operativen Politik ist dann von einem „Schritt in die richtige Richtung" die Rede. Aber was ist die richtige Richtung? Genau das ist das Thema der großen Erzählungen, der politischen Mythen.

Politische Mythen sind also Bedeutungsinvestitionen in ein zunächst sinnfreies Geschehen, dem durch die narrative Einbettung vor Ereignis und Handlung eine Verweisungsstruktur verliehen wird, die auf ein Jenseits des Hier und Heute hindeutet. Das ist in Europa seit dem 18. Jahrhundert zumeist die Zukunft. Davor konnte es aber auch eine göttliche oder kosmische Ordnung sein, von der im Mythos erzählt wurde und die sich in den bestehenden machtpolitischen Verhältnissen widerspiegelte. Oder die bestehenden Verhältnisse wurden im politischen Mythos als eine einzige Verfehlung der guten Ordnung dargestellt, was der Aufforderung gleich kam, diese Verhältnisse umzustürzen und eine neue Ordnung zu errichten. Oder aber in den politischen Mythen wurde die Vergangenheit als leuchtendes Vorbild herausgestellt, an der man sich zu orientieren habe, wenn man Großes vollbringen wolle. Politische Mythen können konservativ oder revolutionär sein. Nur eines sind sie nicht: Indifferent gegenüber den bestehenden Verhältnisse. Sie ergreifen für oder gegen sie Partei.

Das erklärt, warum diejenigen die sich an der Macht befinden bzw. dorthin wollen, sich für die politischen Mythen interessieren, sich auf sie berufen oder sie als eine verhängnisvolle Irreführung bezeichnen, vor der man die Menschen warnen und beschützen müsse. Politische Mythen sind umkämpft, weil sie immer auch Mittel des Kampfs um die Macht sind. Sie entfalten freilich keine kurzfristige Wirkung, wie Wahlen und Abstimmungen, Demonstrationen und Barrikaden oder der Einsatz von Polizei und Militär. Die großen Erzählungen wirken langsam, aber langfristig. Sie modellieren den Erwartungshorizont der Menschen. Sie malen die Zukunft hell oder düster, sie lassen Projekte als möglich oder illusionär erscheinen. Sie können die Kräfte eines politischen Verbandes bündeln. Das US-amerikanische Mondflugprojekt ist ein Beispiel dafür: Als Präsident Kennedy dieses Ziel formulierte, das binnen eines Jahrzehnts erreicht sein sollte, bettete er es in einen der großen amerikanischen Orientierungsmythen ein: den von der *frontier* im Westen, die immer weiter vorangetrieben werde, bis man schließlich den Pazifik erreicht habe. Diese in unzähligen Filmen sinnfällig gemachte Großerzählung wirkte wie ein Gütesiegel auf die Erreichbarkeit des Ziels. Man durfte freilich vor den Problemen und Schwierigkeiten, die sich stellten, nicht zurückschrecken. Beides, Hemmnisse auf dem Weg bei prinzipieller Erreichbarkeit des Ziels, sind im *frontier*-Mythos miteinander verbunden. Und dieser Mythos ruft zugleich bestimmte Elemente des kollektiven Gedächtnis' in Erinnerung: was im Mythos erzählt wird, so das kollektive Gedächtnis, hat sich schon einmal bewahrheitet. Der Erfolg lässt sich wiederholen: Wenn man nur zäh genug ist.

Mythen können Mut machen. Und weil sie das können, werden sie von der Politik auch zum Mitmachen verwandt. Abermals zeigt sich hier die Ambivalenz des mythischen Zaubers, denn dieser Mut kann das Antriebsmittel bei der Verfolgung großartiger Ziele sein, aber er kann auch den direkten Weg zu Tod und Verderben darstellen, wie das bei den politischen Mythen der Deutschen zumeist der Fall war. In welche Richtung die Orientierungsanzeige des Mythos weist, steht nicht von Anfang an fest, sondern ergibt sich aus Kontext und gesellschaftlich vorherrschender Interpretation. Dass die Deutschen, als sie das Nibelungenlied zum Nationalepos erkoren, dessen Vorgaben bis zum bitteren Ende, dem Untergang des Heeresaufgebots in Etzels brennender Burg, folgen würden, war zu Beginn des 19. Jahrhunderts nicht absehbar. Damals nutzte die aufstrebende Disziplin der Germanistik den Text, um ihren Anspruch auf eine wissenschaftliche wie politische Hegemonialstellung in der Universität zu bekommen. Sie tat das, in dem sie einen ihrer wichtigsten Texte der Politik als Mobilisierungsressource beim Kampf gegen äußere Feinde, Frankreich zumal, offerierte. Das war gleichsam der „Praxisbezug" des Fachs.

Man hätte Siegfrieds Tod am Ende des ersten Teils und den des burgundischen Heeresaufgebots Untergang am Ende des zweiten Liedteils auch als Warn- und

Stoppschild lesen können, um ein politisches Ausleben dieser Opfer- und Untergangserzählung zu vermeiden. Im Falle Siegfrieds hätte das geheißen, unter allen Umständen ein ebenso tölpel- wie rüpelhaftes Verhalten in politischen Zusammenhängen zu vermeiden und im Konfliktfall nicht allein auf Heldenmut und Waffengeschick zu setzen, sondern mehr politische Klugheit ins Spiel zu bringen. Aber politische Klugheit, womöglich gar Raffinement waren mit dem Selbstbild einer gesellschaftlichen Führungsschicht nicht vereinbar, die Arglosigkeit und eine bestimmte Vorstellung von Treue für Tugenden hielt, mit denen man in der Politik reüssieren könne. Demgemäß hat sich die politische Elite des Deutschen Reichs vor dem Ersten Weltkrieg aufgeführt, und so konnte sie, als der Krieg aller Opferbereitschaft und allem Heldenmut zum Trotz schließlich doch verloren ging, dies nur mit einem Dolchstoß in den Rücken des „im Felde unbesiegten Heeres" erklären. Hagens Speerwurf an der Quelle im Odenwald, dem Siegfried erlag, wurde zur mythischen Erklärung des Kriegsausgangs vom November 1918 und zu einer ideenpolitischen Belastung der Weimarer Republik, die das ihre zu deren Untergang beigetragen hat.

Wenn man schon die eigene Geschichte im Spiegel einer mythischen Erzählung deutete, hätte es eigentlich nahegelegen, nicht auch noch den zweiten Teil des Liedes bis zum bitteren Untergang durchzuspielen. Es kam anders, und demgemäß hat Hermann Göring in einer Rede zum 10. Jahrestag von Hitlers Machtergreifung den Untergang der 6. Armee in Stalingrad mit dem Endkampf der Burgunden in Etzels Burg gleichgesetzt. Zuvor hatte Hitler selbst angeordnet, dass auf den Gobelins für die Reichskanzlei nicht Szenen aus dem Nibelungenlied, sondern solche aus der Edda dargestellt werden sollten. Mythenpolitisch hieß das, dass es nicht mit dem Untergang des Heeresaufgebots sein Bewenden haben sollte, sondern die Zeichen auf Weltenbrand gestellt wurden. Es hätte gute Gründe gegeben, den Mythos, sei es in der Ausformung des Nibelungenliedes, sei es in der Gestalt von Richard Wagners Ring des Nibelungen, als ein mehrfaches Stoppschild zu begreifen und Halt zu machen. Aber die Warnungen des Mythos wurden nicht ernst genommen, und die mythenversessene NS-Führung glaubte offenbar, sie könne den mythischen Fluch mit mythischem Opfer bannen.

Nach 1945 hatte man im Westen Deutschlands von den Kampf- und Opfererzählungen genug und stellte die zentrale narrative Selbstvergewisserung auf die Erzählung von Prosperität und Wohlstand um. Die postheroische Gesellschaft der Westdeutschen machte den Mythos von Währungsreform und Wirtschaftswunder zur Schlüsselerzählung ihres politischen Selbstverständnisses und ist damit über ein halbes Jahrhundert sehr gut gefahren. „Gefahren" ist dabei durchaus wörtlich zu nehmen: Es waren nicht zuletzt Automarken und deren Exporterfolge bzw. Repräsentationsqualität, die zum Pfeiler des neuen Selbstbewusstseins der Deutschen avancierten – vom VW-Käfer bis zum Mercedes und dem legendären Stern nicht bloß auf Deutschlands Straßen, sondern auch in den Garagen der Staatsoberhäupter und Regierungschefs. In der Automobilproduktion, in Design und Qualität der in Deutschland gefertigten Fahrzeuge erlangte das Wirtschaftswunder Anschaulichkeit. Die großen Erzählungen bedürfen der symbolischen Verdichtungen, um Plausibilität für Jedermann zu erlangen.

Aber mit dem Wirtschaftswunder hatte das Wunderbare seit den 1950er Jahren nicht sein Bewenden. Es wurde flankiert durch das „Wunder von Bern": den überraschenden Gewinn der Fußballweltmeisterschaft im Jahre 1954. Die Erzählung vom Wunder, das sich in mehrfacher Form zugetragen hatte, wurde zum westdeutschen Gründungsmythos, und so kommt es nicht von ungefähr, dass die Berufung auf diese Zeiten in Perioden der Krisen und einem verstärkten Veränderungsdruck als politisches Mittel gegen die kollektive Depression gilt. Die Fixierung der deutschen Öffentlichkeit auf den Titel des „Exportweltmeisters" ist ein Indikator dafür. Die mythische Wiederholungsobsession ist also geblieben, aber der Inhalt des zu Wiederholenden hat sich gegenüber der Zeit vor 1945 ins Gegenteil verkehrt. Diese Konstellationen sollten jedoch auch nicht zu rosig gezeichnet werden: Die Prosperitätserzählungen, die an die Stelle der einstigen Opfermythen getreten sind, haben wenig Potential, mit schwierigen Zeiten politisch umzugehen. Sie sind auf gute Zeiten fixiert.

In ihren sinnstiftenden Erzählungen ist die Bundesrepublik auf Prosperitätsversprechen angewiesen. Diese bilden gleichsam die Grammatik, deren sich die operative Politik bedienen muss, wenn sie zu den Bürgern spricht. Dass sie nicht mehr von Opfern sprechen kann, ist gut. Dass sie von immer neuen Wohlstandssteigerungen sprechen muss, ist heikel. Die Wohlstandsfixierung ist die politische Achillesferse Deutschlands, oder, um in den eigenen mythenpolitischen Bildern zu bleiben, sie ist die verwundbare Stelle, die das Lindenblatt auf Siegfrieds Rücken hinterlassen hat. Durch sie werden Erwartungen an die Politik genährt, die diese in Krisenzeiten nicht erfüllen kann. Aber das kann und will die Politik nicht eingestehen, weil sie dann eingestehen müsste, die grundlegende Orientierungserzählung nicht bedienen zu können. Also neigt sie dazu, Muskeln zu zeigen, wo sie eigentlich keine hat. Auch das ist eine Wiederholungsgeste, die uns Sorgen machen muss.

Verzeichnis der Autoren

Alexander Demandt, Dr., em. Professor. Bis 2005 Ordentlicher Professor für Alte Geschichte am Friedrich-Meinecke-Institut der Freien Universität Berlin. – Veröffentlichungen (u.a.): Der Idealstaat (1993), Antike Staatsformen (1995), Sternstunden der Geschichte (2000), Über die Deutschen (2007); Kleine Weltgeschichte (2007), Es hätte auch anders kommen können: Wendepunkte deutscher Geschichte (2010).

Otto Depenheuer, Dr. jur., Professor. Lehrstuhl für Allgemeine Staatslehre, Öffentliches Recht und Rechtsphilosophie; Direktor des Seminars für Staatsphilosophie und Rechtspolitik der Universität zu Köln. – Veröfflichungen (u.a.): Solidarität im Verfassungsstaat. Grundlegung einer normativen Theorie der Verteilung [1991] (2009), Recht und Tabu (2003), Selbstbehauptung des Rechtsstaates (2. Aufl., 2007), Mythos als Schicksal (2009), Reinheit des Rechts (2010).

Jens Hacke, Dr. phil. Studium der Alten und Neuen/Neuesten Geschichte, Politikwissenschaft und Philosophie. 2001 Wiss. Mitarbeiter am Lehrbereich „Theorie der Politik" der Humboldt-Universität Berlin (Prof. Dr. Herfried Münkler); 2008 wiss. Mitarbeiter am Hamburger Institut für Sozialforschung im Arbeitsbereich „Die Gesellschaft der Bundesrepublik". 2007 Lehrbeauftragter am Institut für Politische Wissenschaft der Universtität Hamburg. – Veröffentlichungen (u.a.): Philosophie der Bürgerlichkeit (2006); Theorie in der Geschichtswissenschaft (2008), Die Bundesrepublik als Idee (2009).

Michael Walter Hebeisen, Dr. Studium der Musik und der Jurisprudenz in Bern. Forschungsassistenz bei Prof. Peter Saladin, Bern (1992-1994). Promotion (1994), Wissenschaftlicher Beamter (später Adjunkt) im Bundesamt für Justiz, betraut mit der Totalrevision der Schweizerischen Bundesverfassung (1994-1997). Habilitation (1999). Wiss. Adjunkt im Bundesamt für Justiz in der Hauptabteilung für Staats- und Verwaltungsrecht (1999-2001). – Veröffentlichungen (u.a.): Souveränität in Frage gestellt (1995), Recht und Staat als Objektivationen des Geistes in der Geschichte (2004).

Tilmann Mayer, Dr. phil. Professor für politische Theorie, Ideen- und Zeitgeschichte an Rheinischen Friedrich-Wilhelms-Universität Bonn; 2007 Vorstandsmitglied der Deutschen Gesellschaft für Politikwissenschaft (DGfP); 2010 Präsident der Deutschen Gesellschaft für Demographie. – Veröffentlichungen (u.a.): Der Wert der Freiheit. Deutschland vor einem neuen Wertewandel?, (2005); Streitbar für die Demokratie (2009); Volksparteien: Erfolgsmodell für die Zukunft? Konzepte, Konkurrenzen und Konstellationen (2009).

Müller, Reinhard, Dr. jur., Studium der Rechtswissenschaften und der Geschichte. 1994 wiss. Mitarbeiter am Lehrstuhl für Öffentliches Recht, Europa- und Völkerrecht der Technischen Universität Dresden. 1996 Promotion. Seit 1998 in die politische Redaktion der Frankfurter Allgemeinen Zeitung zuständig für "alles, was Recht ist". – Veröffentlichungen: Der „2+4"-Vertrag und das Selbstbestimmungsrecht der Völker (1997).

Herfried Münkler, Dr. phil., Professor für Theorie der Politik am Fachbereich Sozialwissenschaften der Humboldt-Universtität zu Berlin; 2004 bis 2008 Mitglied des Sonderforschungsbereiches 640 „Repräsentationen sozialer Ordnungen im Wandel"; seit 2009 Mitglied im Sonderforschungsbereich 644 „Transformationen der Antike"; Dr. Meyer-Struckmann-Preis der Philosophischen Fakultät der Heinrich-Heine-Universität Düsseldorf (2009); Veröffentlichungen (u.a.): Die neuen Kriege (2002); Imperien. Die Logik der Weltherrschaft (2005); Die Deutschen und ihre Mythen (2009), Mitte und Maß: Der Kampf um die riichtige Ordnung (2010).

Christian Waldhoff, Dr. jur.; Inhaber eines Lehrstuhls für öffentliches Recht an der Rechts- und Staatswissenschaftlichen Fakultät der Universität Bonn sowie Direktor des Kirchenrechtlichen Instituts (2003). Sachverständiges beratendes Mitglied der Kommission VIII der Deutschen Bischofskonferenz für „Wissenschaft und Kultur". Seit 2010 Mitglied des wissenschaftlichen Beirats beim Bundesministerium der Finanzen. – Staat und Zwang. Der Staat als Rechtsdurchsetzungsinstanz (2008), Grundzüge des Finanzrechts des Grundgesetzes, in: Handbuch des Staatsrechts der Bundesrepublik Deutschland, Bd. 5, 2007, § 116 (S. 813 – 933), Neue Religionskonflikte und staatliche Neutralität, Gutachten zum 68. Deutschen Juristentag (2010).

VS Forschung | VS Research
Neu im Programm Politik

Cornelia Altenburg
Kernenergie und Politikberatung
Die Vermessung einer Kontroverse
2010. 315 S. Br. EUR 39,95
ISBN 978-3-531-17020-6

Markus Gloe / Volker Reinhardt (Hrsg.)
**Politikwissenschaft
und Politische Bildung**
Nationale und internationale Perspektiven
2010. 269 S. Br. EUR 39,95
ISBN 978-3-531-17361-0

Farid Hafez
Islamophober Populismus
Moschee- und Minarettbauverbote
österreichischer Parlamentsparteien
2010. Mit einem Geleitwort von Prof.
Dr. Anton Pelinka. 212 S. Br. EUR 34,95
ISBN 978-3-531-17152-4

Annabelle Houdret
**Wasserkonflikte
sind Machtkonflikte**
Ursachen und Lösungsansätze
in Marokko
2010. 301 S. Br. EUR 34,95
ISBN 978-3-531-16982-8

Jens Maßlo
Jugendliche in der Politik
Chancen und Probleme einer
institutionalisierten Jugendbeteiligung
2010. 477 S. Br. EUR 49,95
ISBN 978-3-531-17398-6

Torsten Noe
Dezentrale Arbeitsmarktpolitik
Die Implementierung der Zusammen-
legung von Arbeitslosen- und Sozialhilfe
2010. 274 S. Br. EUR 39,95
ISBN 978-3-531-17588-1

Stefan Parhofer
**Die funktional-orientierte
Demokratie**
Ein politisches Gedankenmodell
zur Zukunft der Demokratie
2010. 271 S. Br. EUR 29,95
ISBN 978-3-531-17521-8

Alexander Wolf
**Die U.S.-amerikanische
Somaliaintervention 1992-1994**
2010. 133 S. Br. EUR 29,95
ISBN 978-3-531-17298-9

Erhältlich im Buchhandel oder beim Verlag.
Änderungen vorbehalten. Stand: Juli 2010.

www.vs-verlag.de

VS VERLAG

Abraham-Lincoln-Straße 46
65189 Wiesbaden
Tel. 0611.7878-722
Fax 0611.7878-400